BEI GRIN MACHT SICH IHR WISSEN BEZAHLT

- Wir veröffentlichen Ihre Hausarbeit,
  Bachelor- und Masterarbeit

- Ihr eigenes eBook und Buch -
  weltweit in allen wichtigen Shops

- Verdienen Sie an jedem Verkauf

Jetzt bei www.GRIN.com hochladen
und kostenlos publizieren

Bibliografische Information der Deutschen Nationalbibliothek:

Die Deutsche Bibliothek verzeichnet diese Publikation in der Deutschen Nationalbibliografie; detaillierte bibliografische Daten sind im Internet über http://dnb.d-
nb.de/ abrufbar.

Impressum:

Copyright © 2017 GRIN Verlag
Druck und Bindung: Books on Demand GmbH, Norderstedt Germany
ISBN: 9783346021649

Dieses Buch bei GRIN:

https://www.grin.com/document/497981

Sven Jänsch

Identität zwischen sein, werden und wollen

Inwiefern unterscheidet sich Identität in "Interkultur" und "Transkultur"?

GRIN Verlag

GRIN - Your knowledge has value

Der GRIN Verlag publiziert seit 1998 wissenschaftliche Arbeiten von Studenten, Hochschullehrern und anderen Akademikern als eBook und gedrucktes Buch. Die Verlagswebsite www.grin.com ist die ideale Plattform zur Veröffentlichung von Hausarbeiten, Abschlussarbeiten, wissenschaftlichen Aufsätzen, Dissertationen und Fachbüchern.

Besuchen Sie uns im Internet:

http://www.grin.com/

http://www.facebook.com/grincom

http://www.twitter.com/grin_com

Humboldt Universität von Berlin
Theologische Fakultät
LV: Identität in einer Interkulturellen Welt – zwischen Dialog und
Differenz Proseminar
SS 2017

Hausarbeit

Identität, zwischen sein, werden und wollen

Inwiefern unterscheidet sich Identität in „Interkultur" zur „Transkultur"?

Verfasser:
Sven Jänsch

15.9.2017

1 Inhaltsverzeichnis

2 Zusammenfassung

In der vorliegenden Hausarbeit werde ich meiner These nachgehen, in der ich vermute, dass in der „Transkultur" individuelle Merkmale von Persönlichkeiten, aufgrund von Gleichschaltung und Verallgemeinerung, verloren gehen.

Dafür werde ich die individuelle Identität in der Interkultur und in der Transkultur beleuchteten. Aufgrund einzelner Prämissen wird die Ausgangsthese zu einem Argument umformuliert und mit einer Konklusion geschlossen.

3 Einführung, Fragestellung und Ziel, Grundlegende Begriffe

3.1 Einführung in das Thema der Hausarbeit

Unsere Wirtschaft ist globalisiert. Wirtschaftsmärkte werden weltweit von global agierenden Firmen bedient. Tomaten z.B. reisen vom Anbauland zum Konsumenten mittlerweile viele tausende Kilometer. Die Transportkosten fallen aufgrund eines effektiven Transportnetzes kaum noch ins Gewicht. Und so ist es auch mit dem Menschen, er muss sich den Abnehmer seiner Arbeitskraft suchen und unter den entsprechenden Bedingungen des Marktes arbeiten.

So war es den Entdeckern und Abenteurern der früheren Jahrhunderte klar, dass sie sich großen Strapazen aussetzten und ihr Leben riskierten. Sie würden jahrelang auf reisen sein und eventuell nie zurückkommen. Die geografische Welt in der wir leben ist entdeckt und der Mensch hat sich die Technik zu nutzen gemacht um Diese zu bereisen.

Heute gibt es viele Menschen die auf einem globalen Arbeitsmarkt tätig sind. Z.B. Flugbegleiter, Manager, Berater, Verkäufer. All diejenigen, die für eine Firma arbeiten welche auf globalen Märkten agiert. Es gibt nur noch wenige Städte und Regionen der Welt, die nicht zu erreichen sind.

Die Menschen lernen sich kennen, tauschen sich aus, reden über Gepflogenheiten, über ihre Heimat und deren Traditionen. Sie achten auf Unterschiede und Gleichheiten. Und genau mit diesem Prozess des sozialen Austausches, verortet sich der individuelle Mensch in der Umgebung, in der er sich gerade befindet. Das ist wichtig, um die Fragen zu beantworten, wer steht mir gegenüber, wo bin ich, Freund oder Feind?

3.2 Fragestellung und Ziel

Die zentrale Fragestellung der Hausarbeit lautet: Worin unterscheiden sich Identitäten aus Interkultur und Transkultur?

Ich möchte aufdecken, dass Leben in der Transkultur weniger facettenreich an Identitäten ist und damit weniger divergiert. Die Kulturen dieser Welt nähern sich immer mehr an und übernehmen das Andere. Damit steht uns in Zukunft eine Sauce an Einheitskultur bevor.

3.3 Definition des Begriffes „Interkultur"

Interkultur setzt das Bestehen von verschiedenen Kulturen zur gleichen Zeit voraus. Diese Kulturen sind jeweils individuell und grenzen sich durch ihre Alleinstellungsmerkmale von den anderen Kulturarten ab. „Interkultur meint das Nebeneinander verschiedener Entitäten[1], die sich innerhalb einer gemeinsamen Welt durch ihre jeweilige Interpretation dieser Welt voneinander unterscheiden (Weidtmann, 2016, p. 42).

Die Kulturen stehen im Austausch miteinander. Mal friedlich, mal feindlich. Interkultur bezieht sich auf das „Zwischen" den Kulturen, auf den Austausch.

---

[1] Das Wesen von Kultur, das was Kultur ausmacht.

Diesem Austausch können sich Entitäten nicht entziehen, da alle Entitäten Gemeinsamkeiten aufweisen.

3.4 Definition des Begriffes „Transkultur"

Den Begriff „Transkultur" führte der Professor für Philosophie Wolfgang Welsch im deutschsprachigem Raum um 1990 ein. Er war zur damaligen Zeit schon der Ansicht, dass es für unsere aktuelle kulturelle Lebensform[2] keinen passenden Begriff gäbe. Transkultur meint die Durchmischung von Teilen der verschiedenen Kulturen und Lebensauffassungen zu einer Einheit. Im Laufe der Jahrhunderte sind immer mehr Lebensformen und Kulturauslegungen entstanden. Sie stehen in unserer heutigen vernetzten und globalen Welt im ständigen Austausch miteinander. Dieser Austausch bringt die Transkultur zwangsläufig zu tage. Eine kulturelle Durchmischung. Die Tatsache, dass „wir durch klassische Kulturgrenzen wie selbstverständlich hindurchgehen" (Welsch, 1997, p. 1) Vgl. (Weidtmann, 2016, p. 31) .

3.5 Definition des Begriffes „kulturelle Identität"

Die gemeinschaftliche Identität einer Gruppe oder Gesellschaft bildet sich aus den Identitätsmerkmalen heraus, in denen man sich mehrheitlich wiedererkennen kann. Diese Merkmale (z.B. Iglo bauen) werden dann zu Traditionen. Die Ethnie von Tradition ist dann Kultur. Kultur ist der Kampf einer Gesellschaft um Werte, Normen und Traditionen. Sie ist ein Bindeglied zur Gleichschaltung der Individuen. Durch Kultur bilden sich Normen und Werte die dem Einzelnen als Maßstab dienen um seine eigenen Normen und Werte zu reflektieren.

Aus der kulturellen Identität kann der Einzelne auch ein stabiles Selbstwertgefühl generieren. „Das Selbstwertgefühl kann ich nicht selbst produzieren. Dafür bin ich auf den Anderen als Instanz [...] angewiesen (Han, 2016, p. 33). Das Gefühl gebraucht zu werden, für Andere wichtig zu sein, trägt seinen Teil zur Bildung der „individuellen Identität" bei.

---

[2] Die Auslebung von Kultur einer Gesellschaft

3.6 Definition des Begriffes „individuelle Identität"

Sie ist das Selbstverständnis einer Person zu seiner Umgebung. Dieses Selbstverständnis erschöpft sich aus seiner jeweiligen Sozialisation heraus und macht eine Person mit individuellen Erfahrungen und Präferenzen, gebettet in einer entsprechenden Sozialisierung zu einem Individuum. Die individuelle Identität zieht sich durch mehrere Dimensionen, sie ist Intrinsisch (ich mache mir ein Bild von der Welt) und Extrinsisch (ich bin der, zu dem ich gemacht werde, und ich nehme es an) zu verstehen und daher schwer zu fassen. Die extrinsische Identitätszuschreibung benötig eine Person, um für sich selbst ein schlüssiges, intrinsisches Selbstkonzept zu bilden.

Mir gefällt zudem die psychologische Definition von (Wisniewski, 2016, p. 51) „Das Selbstkonzept ist eine kognitive Struktur, die das selbstbezogene Wissen einer Person enthält, nämlich über Eigenschaften, Fähigkeiten, Neigungen, Interessen und typische Verhaltensweisen. Der Selbstwert resultiert aus einer Bewertung der Inhalte des Selbstkonzeptes. Ein kohärentes, also in sich stimmiges Selbstkonzept wird als Identität bezeichnet".

Vereinfacht gesagt, ist Identität der Glaube davon, wer man zu sein scheint. Ich sage deshalb zu sein scheint, weil sich, je nachdem aus welchem Blickwinkel oder Kontext man eine Person betrachtet, seine Identität verändert, obwohl es doch immer die gleiche Person ist. Z.B. Ein Mann heiratet eine Frau, beide sind glücklich miteinander, die Frau bemerkt aber zufällig, dass ihr Mann seine Vergangenheit verheimlicht hat. Er war nämlich im Gefängnis, weil er ein Verbrechen begangen hat. Die Frau ist nach Erkenntnis über seine Vergangenheit moralisch schockiert und möchte sich nun scheiden lassen, weil es ihr nicht mehr möglich erscheint, glücklich mit ihrem Mann weiterzuleben. Es ist doch aber der gleiche Mann, der sich in der Beziehung zu seiner Frau nicht geändert hat.

Durch das Beispiel wird klar, dass der Mann Aspekte seiner Identität durch verschweigen seiner Vergangenheit verschleiert und somit Einfluss auf sein Identitätsbild nimmt. Die Frau hat nun ein anderes Identitätsbild Ihres Mannes.

Identität lässt sich somit auch als Fassade der eigenen Persönlichkeit begreifen, mit der man die Außendarstellung seiner Person veränderbar darstellen kann.

4 Die angewandte Methodik

Die Ergebnisse dieser Arbeit möchte ich mir durch Literaturrecherche und meiner Erkenntnisse aus dem Seminar „Identität in einer Interkulturellen Welt" erschließen. Ich habe aktuelle Literatur zum Thema recherchiert und möchte auch diese als Grundlage meiner Arbeit heranziehen.

In dieser Hausarbeit werde ich unterschiedliche Literaturarten sowie das Internet heranziehen und entsprechende Beiträge nach wissenschaftlich korrektem Standard zitieren.

5 Die Ergebnisse

Aufgrund der großen Begriffe wie Kultur und Identität denke ich nicht ausreichend in die Tiefe der Themen eindringen zu können. Ich habe das Gefühl an der Oberfläche zu kratzen und mich ab und wann in einem Aspekt verloren zu haben. Ich hoffe der Argumentationsstrang ist nachvollziehbar und verständlich zu lesen.

5.1 Einführung in die Thematik

Wir Leben zu einer Zeit auf dieser Welt, in der Ressourcen immer knapper werden. Es gibt so viele Menschen auf der Welt wie noch nie und genauso viele kulturelle Unterschiede. Alle Kulturen und Völker dieser Welt sind von immer extremer werdenden Wetterphänomenen betroffen. Es scheint als wolle sich die Natur gegen die immer dichtere Bevölkerung durch den Menschen wehren. Die Weltbevölkerung ist aus Angst gezwungen sich zusammen zu schließen und gemeinsame Lösungen zu finden. Aus dieser Logik heraus, bildet sich eine eigenständige Kultur. Die Transkultur ist auch begünstigt durch die Schaffung von globalen Strukturen wie z.B. dem Kapitalismus, internationaler Arbeitsmarkt und internationale Warenströme.

Derzeit leben wir in Interkultur, durch Austausch, Anerkennung und Achtung von Unterschieden und Gleichheiten. Die Weltbevölkerung schafft jedoch die Strukturen und Bedingungen für die Transkultur.

5.2 Woher kommt die Differenz zwischen der Definition zur Identität einer Kultur und der Definition zur Identität eines Individuums?

Menschen sind verschieden, da sie unterschiedlichen Umgebungen und Anforderungen im Leben ausgesetzt sind. So leben Mutter und Kind in der gleichen Umgebung, jedoch mit unterschiedlichen Anforderungen an ihre Persönlichkeit. Diese Persönlichkeit trägt Identität mit sich, da wir in Gemeinschaft leben. Jeder trägt einen Teil zur Gemeinschaft bei, jeder aus anderer Richtung, Intention und Kontext. Der Bäcker steht früh auf und hat daher eine andere „individuelle Identität" als der Kneipenwirt, der bis tief in die Nacht arbeitet und morgens lange schläft. Diese Unterschiede der Menschen bringen das Individuelle hervor. Die Identität stellt den Bezug der Einzelnen zueinander her. Wenn Sie wissen was es heißt ein Bäcker zu sein, können Sie sich vorstellen was es heißt, ein Kneipenwirt zu sein.

In Gemeinschaft heißt Verantwortung zu übernehmen. Rechte und Pflichten, Aufgaben werden verteilt. Bürger einer Gesellschaft einigen sich auf ein Steuersystem. Eine Familie einigt sich bezüglich der zu erledigenden Haushaltsaufgaben. Mit diesem Ringen nach Einigung entsteht Gemeinschaft. Die Identität der Gemeinschaft drückt sich in deren Kultur aus und diese ist zwangsläufig eine andere als die des Einzelnen. Die „kulturelle Identität" ist der „individuellen Identität" übergeordnet. Sie bildet eine Art Dach über den individuellen Identitäten der Menschen. Sie schützt uns, gibt uns Orientierung und Halt bei der Bewältigung unserer Lebensaufgaben. Diese gemeinschaftliche Kultur bringt Normen und Werte hervor, wie: Du sollst nicht töten. Diese geben uns Handlungsoptionen vor. Wie z.B. ich möchte a+b tun, ist das ein no-go? Aufgrund der individuellen Erfahrungen hat jeder eine andere Sicht auf die Normen und Werte der Gemeinschaftskultur, auf die Dinge im Leben. Die eigene Bewertung und Reflexion der individuellen Erfahrungen bringt unterschiedliche Präferenzen hervor. Diese lassen uns unterschiedliche Standpunkte zur Gemeinschaftsidentität entwickeln. Man kann sich mit bestimmten Entitäten einer Kultur mal mehr oder weniger identifizieren. Die ständige Auslotung des eigenen Standpunktes zum Standpunkt der gemeinschaftlichen Kultur ist das was die kulturelle Identität am Leben hält.

5.3 Warum ist individuelle Identität wichtig?

Anhand eigener Werte und Normen, die sich aus der Sozialisation einer Gesellschaft gebildet haben, muss der Einzelne immer wieder überprüfen, wie er gerade zu seinem Umfeld steht. Das soziale Umfeld mittels eigener Werte und Normen zu sondieren ist nötig, um die eigene Identität und die Identität der Anderen zu definieren. Bin ich Europäer und stehe für bestimmte Werte ein. Befinde ich mich dann in Südamerika, muss ich den Bezug zwischen meiner Identität und der südamerikanischen Identität herstellen. Was unterscheidet uns, worin sind wir gleich? Werden wir in Zukunft miteinander auskommen oder eher nicht?

Der Einzelne ist auf seine Umwelt angewiesen, um sein Ich in der Welt zu finden. Diese Verortung des Ich´s, ist nur über den Austausch mit der Umwelt möglich. Das haben Philosophen wie Aristoteles, Fichte, Hegel und Husserl erkannt Vgl. (Weidtmann, 2016, p. 77). Die Umwelt, das Andere hält mir einen Spiegel vor, und darin kann ich erkennen wer ich bin.

5.4 Identitätsmerkmale in der Interkultur

Was macht Interkultur aus? Ist es Nationalstaatlichkeit, Regionalität?

Interkultur bezieht sich auf die Zwischenräume der Kulturen. So gibt es Räume und Grenzen, die verschiedene Kulturen einbetten und schützen. Zwischen denen ist leerer Raum, ein Abstand. Die Neutralität dieses Abstandes benötigen die verschiedenen Kulturen um in Dialog zu treten und Differenzen beizulegen. Sie gehen einen Schritt aufeinander zu und können sich wieder entfernen. Ein stätiger Austausch, mal mehr mal weniger. Diese Bewegung brauchen die verschiedenen Kulturen um sich in der Welt zu orientieren Vgl. (Weidtmann, 2016, p. 39).

Die Identität des Einzelnen ist in der Interkultur enger geschnürt als in der Transkultur. Die individuelle Identität in Transkultur bewegt sich in einem engeren Raum auf einer anderen Ebene. So als wolle man die Identitäten zwischen Dorfbewohnern und Bewohner einer Großstadt vergleichen.

5.5 Identitätsmerkmale in der Transkultur

In der Transkultur verschmelzen alle Kulturen dieser Welt zu einer Einheit. Es entstehen gemeinsame Normen und Werte an denen alle gemeinsam festhalten. Es ist die Angleichung von Religionen und Lebensformen, Migration und kulturelle Durchmischung.

Die Normen und Werte der Transkultur sind unterschiedsübergreifend, eher allgemeiner Art, da die Anforderungen an das Leben in den verschiedenen Regionen dieser Welt zu unterschiedlich sind. Diese Unterschiede (z.B. das halten einer Siesta, Esskulturen oder Religionen) räumt die Transkultur langsam aber stetig aus. Es werden nur noch die Unterschiede übrigbleiben, welche uns das Leben in der Welt ermöglicht. Denn diese Unterschiede werden durch die Natur bestimmt, und der Mensch muss sich immer noch seiner Umgebung anpassen. Ich sehe in der Transkultur die einhergehende Domestizierung der Natur.

Durch den Austausch und Annäherung der Kulturen entstehen Transformationen des Anderen zum Gleichen. In der Gleichheit können sich Menschen besser zurechtfinden, organisieren, ökonomische Strukturen ausbauen. Gleichheit ist Effizienter und Effizienz unterliegt der Logik unseres Wirtschaftssystems, dem Gewinnstreben. Überregionale Supermärkte bieten nicht nur die gleichen Produkte an, sondern stelle diese auch noch an den gleichen Platz. Die Läden sehen von außen wie innen genauso aus und zwingen uns ihre Logik auf. „Der Terror des Gleichen erfasst heute alle Lebensbereiche. Man fährt überall hin, ohne eine Erfahrung zu machen. Man nimmt Kenntnis von allem, ohne zu einer Erkenntnis zu gelangen. Man häuft Informationen und Daten an, ohne Wissen zu erlangen. Man giert nach Erlebnissen und Erregungen, in denen man sich aber immer gleich bleibt. Man akkumuliert Friends und Follower ohne je einem anderen zu begegnen" (Han, 2016, p. 9).

6 Konklusion: In der Transkultur sind die Unterschiede von Identität geringer als in der Interkultur

I. Das Vor und Zurück des Austausches der verschiedenen Kulturen dient der Orientierung in der Welt. Diese Orientierung führt zwangsläufig zur Angleichung der Kulturen. Sie werden sich immer ähnlicher.

II. Dinge die sich immer ähnlicher werden, werden gleich. Gleichheit birgt Gemeinsamkeit in sich. Das Andere verschwindet durch Gleichheit und Gemeinsamkeiten.

III. Wenn das Andere nicht mehr da ist, also die Gleichheit der kulturellen Identitäten entstanden ist, dann ist nur noch das Gleiche vorhanden. Kulturelle Identitäten sind gleich, wenn es keine anderen mehr gibt, da alle gleich sind. Es entsteht Transkultur.

IV. Individuelle und kulturelle Identität benötigt Austausch um sich zu orientieren. Dieser Austausch findet weiterhin statt, damit wir unsere Identität verorten können, uns Präferenzen zum Ich[3] herstellen können.

V. Der Austausch des Gleichen, mit dem Gleichen ist monoton und bringt keine Erkenntnis über das Ich.

VI. KONKLUSION:

Erkenntnis über das Ich, die individuelle und kulturelle Identität, kann nur über den oder das Andere erfolgen. Transkultur erzeugt zwangsläufig Gleichheit und Monotonie. Transkultur birgt weniger Identitätsunterschiede in sich als Interkultur.

7 Diskussion und Fazit

Zeit ist Veränderung und mit der Zeit verändern sich auch die Identitätsmerkmale. Begriffe verschwinden und kommen und es scheint nur allzu normal, dass man sich ab und wann über seinen Standpunkt Klarheit verschaffen möchte.

Die Veränderung der Kulturarten ist determiniert, zwangsläufig festgeschrieben. Interkultur ist ein Prozess, der sich in einer zeitlichen Abfolge totläuft und durch Transkultur ersetzt wird. Es ist die Logik in der wir uns Bewegen und

---

[3]
Entität von individueller- und kultureller Identität

Identifizieren, die diesen Prozess ermöglicht. Die Veränderung der Kulturarten ist determiniert, da wir uns ständig weiterentwickeln.

Ich teile die Auffassung von Byung-Chul Han, dass es immer mehr Gleichheit gibt und, dass das Andere nötig ist um seiner selbst zu erkennen. Von daher möchte ich mit seinen Worten schließen. „Das heutige Leistungssubjekt kennt nur zwei Zustände: funktionieren oder versagen. Darin ähnelt es Maschinen. Auch Maschinen kennen keinen Konflikt. Entweder sie funktionieren oder sie versagen" (Han, 2016, p. 35).

8 Literaturverzeichnis

Arendt, H., 1986. Wir Flüchtlinge. In: *Zur Zeit-Politische Essays.* Berlin : Rotbuch Verlag.

Graeber, D., 2016. In: *Bürokratie.* Stuttgart: Klett-Cotta.

Han, B.-C., 2016. In: *Die Austreibung des Andreren.* Frankfurt am Main : S.Fischer .

Levinas, E., 1992. In: *Ethik und Unendliches - Gespräche mit Philippe Nemo.* Wien : Passagen Verlag.

Levinas, E., 2017. Die Spur des Anderen. In: *Die Spur des Anderen - Untersuchungen zur Phänomenologie und Sozialphilosophie.* Freiburg/München: Verlag Karl Alber.

Sennet, R., 2008. In: *Handwerk.* Berlin : Berlin Verlag.

Sökefeld, M., 2004. Abgrenzung, Ausgrenzung, Gewalt: Wie viel Identität verträgt der Mensch . In: *Bildung Identität Religion - Fragen zum Wesen des Menschen .* Berin : Weidler Buchverlag.

Weidtmann, N., 2016. In: *Interkulturelle Philosophie, Aufgaben-Dimensionen-Wege.* Tübingen: Narr Francke Attempo Verlag GmbH+Co.KG.

Welsch, W., 1997. *Transkulturalität-Die veränderte Verfassung heutiger Kulturen, welsch_transkulti.pdf.* [Online]
Available at: http://rmserv.wt.uni-heidelberg.de [Zugriff am 08 09 2017].

Wisniewski, B., 2016. In: *Psychologie für die Lehrerbildung.* Bad Heilbrunn: Julius Klinkhardt.

Larsen · Miescher · Dommitzsch
Starker Rücken – starkes Kind

Dr. med. Christian Larsen, 1956 in Basel geboren, ist Arzt und Mitbegründer der Spiraldynamik®. Beobachtungen an Neugeborenen, Spitzensportlern und sich selbst brachten den jungen Arzt auf die Genialität perfekter Bewegungsführung, aus welcher er mit einem Forscherteam die anatomische Gebrauchsanweisung für den eigenen Körper entwickelte. Dieses Wissen will er weitergeben, als Arzt, Forscher, Sportler und Mensch. Er ist verheiratet mit der Künstlerin Claudia Vuille und lebt mit ihr und den Zwillingstöchtern in der Nähe von Zürich.

Bea Miescher, 1960 in Grenchen geboren, integrierte nach ihrer Ausbildung Spiraldynamik® im Kindergarten-Unterricht. Die Faszination der Kinder und ihre spielerische Neugier für den eigenen Körper und seine Funktionsweise setzt sie in Wort und Bild um. Bea Miescher ist Fachjournalistin und Bewegungspädagogin. Sie hat eine erwachsene Tochter und arbeitet am Spiraldynamik Med Center und an der Akademie in Zürich.

Dagmar Dommitzsch, 1975 in Dresden geboren, arbeitete sieben Jahre als Physiotherapeutin in einem Neurologischen Reha-Zentrum für Kinder und Jugendliche. 2004 zog sie die Spiraldynamik an das Med-Center in Zürich, wo sie die Einzel- und Gruppentherapie mit Kindern leitete. Seit 2008 ist die Spiraldynamik-Therapeutin und Bewegungspädagogin selbstständig in Berlin tätig.

Kostenloser Newsletter und mehr Information zum Thema unter www.spiraldynamik.com

Dr. med. Christian Larsen · Bea Miescher
Dagmar Dommitzsch

Starker Rücken
starkes Kind

32 spielerische Übungen auch für
kleine Bewegungsmuffel

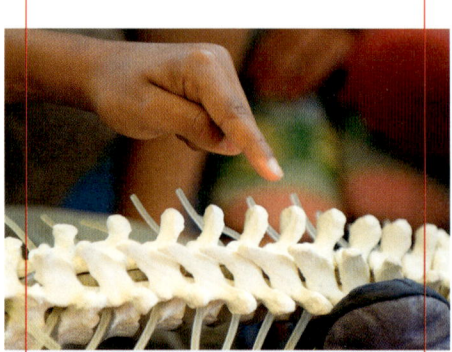

Ist das Hohlkreuz noch normal? Und schadet der schwere Schulranzen nicht? Vieles kann den aufrechten Gang beeinträchtigen. Testen Sie Ihr Kind – und sich selbst.

Klettermax, Moonwalker oder Karate-Kid: Mit diesen „Vorbildern" bewegt es sich viel leichter und attraktiver. Der besondere Kniff und viel Spaß lassen Bewegungsmuffeln keine Chance.

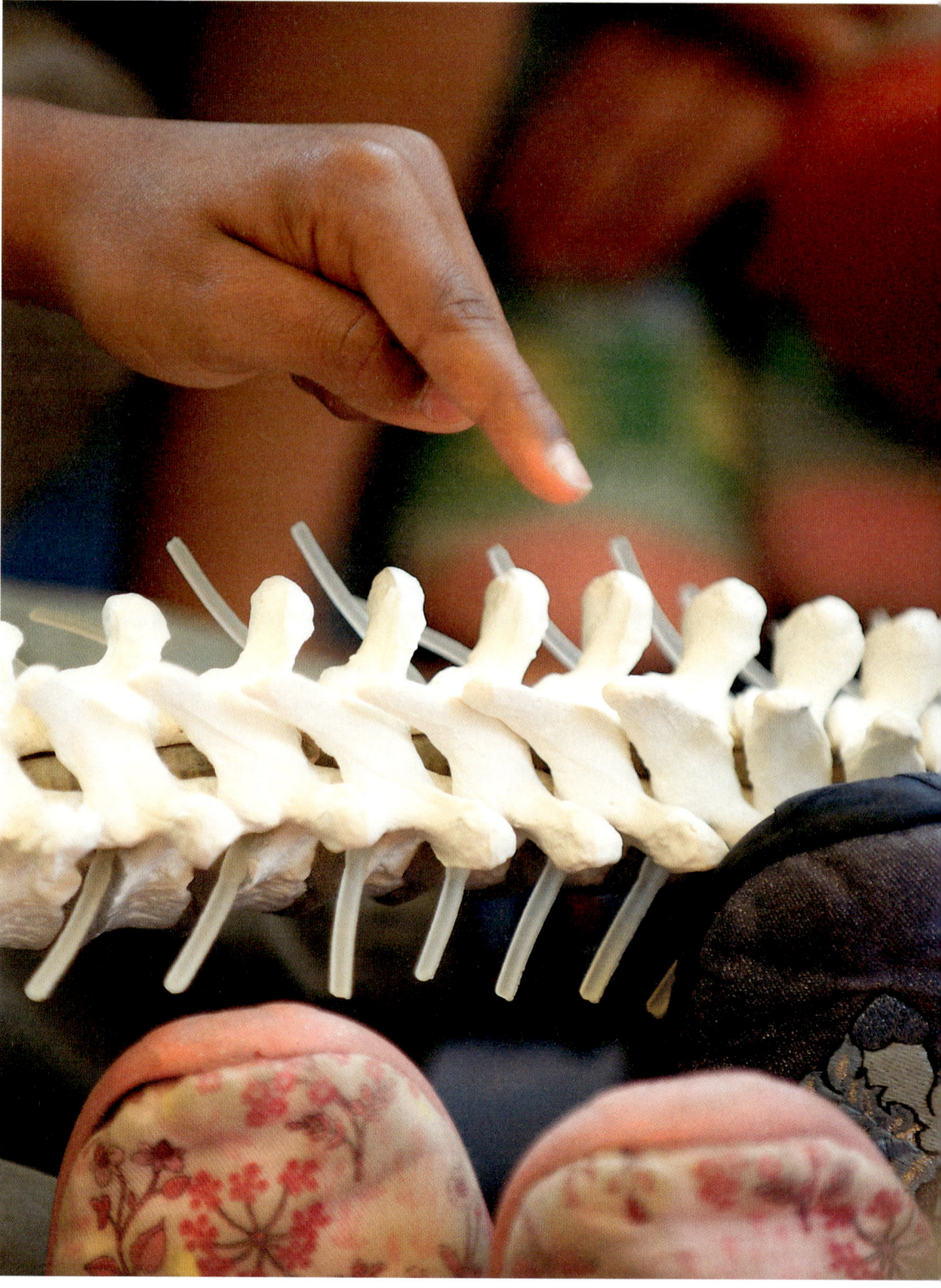

Anatomie

Willkommen auf der Abenteuerreise
Evolution! Auf den folgenden Seiten
erhalten Sie einen Überblick über die
wichtigsten Entwicklungsschritte des
Menschen auf seinem Weg von den
Anfängen des Lebens bis zum Homo
erectus. Und mitten drin in Körper
und Leben steht und wendet sich die
Wirbelsäule, das Bio-Hightech-Tool
für aufrechte Kinder!

Entwicklung:
Kuck mal, wer da wirbelt!

Glücklicherweise kommen die allermeisten Kinder mit gesundem Rücken zur Welt. Die Entwicklung läuft nach dem Masterplan der Evolution: Solange dem Baby die volle Bewegungsfreiheit gewährt wird, kann es sich auch in Sachen Rückengesundheit frei entfalten. In den ersten Tagen und Wochen muss sich das Neugeborene aber an die neue Freiheit gewöhnen. War es im Mutterleib zusammengekugelt und geborgen, fast schwerelos, umgeben von warmem Wasser, schummeriger Beleuchtung und gedämpften Geräuschen, so sind sie ersten Lebenstage nach der Geburt ein Schock für das Kind – kalt, grell, instabil, laut und überhaupt, ganz anders.

Eltern vermitteln dem neuen Erdenbürger spontan die tröstende Zuwendung: Sie drücken das Kleine mit den Armen umschlingend ans Herz, geben ihm die umhüllende Geborgenheit mit Tragetüchern zurück. Zu früheren Zeiten wickelte man Säuglinge gar mumienartig ein – wie die Bilder von Wilhelm Busch belegen. Die meisten Babys lieben das – trotzdem heißt die Devise von Anfang an: Hinaus ins Leben, rein in die Bewegung. Der Körper soll sich frei entwickeln können. Alles, was die Bewegung einschränkt, muss grundsätzlich überdacht werden: Nur wenn es sich um handfeste Sicherheitsgründe handelt, ist Einschränkung wirklich sinnvoll.

Reine Bequemlichkeit gilt es immer wieder zu hinterfragen. Laufställe, Schalensitze und Gehrollis sind gleichzusetzen mit Lehnstühlen, Autositzen und jeglichem motorisiertem Wegkommen: Sie gehen auf Kosten der Bewegungsvielfalt und des Körperbewusstseins. Der Rücken als zentrale Bewegungseinheit liebt die Bewegung. Unter diesem Aspekt ist Rückengesundheit anzugehen. Erfahren Sie auf den folgenden Seiten das Wichtigste zur kindlichen Rückenentwicklung bis hin ins Erwachsenenleben.

ÜBERBLICK

- Primitivreflexe sind angeboren. Sie begleiten das Neugeborene durch die ersten Lebensmonate und klingen dann ab, um der willkürlichen Bewegungsentwicklung Platz zu machen.
- Angeborene Rückenleiden treten selten auf.

Neugeborene: Neurologisch fit und begabt

Primitivreflexe, angeborene archaische Körperintelligenz

Neugeborene kommen als Bewegungs-
profis zur Welt: Versteckt hinter plan-
losen Bewegungen sind Primitivreflexe
als „Entwicklungshilfen" angeboren. Es
sind definierte Körperantworten auf Im-
pulse von außen. Der Greifreflex ballt
die Hand zur Faust, wenn die Handfläche stimuliert wird. Der Schreitreflex löst
Gehbewegungen aus, sobald der Vorfuß
kraftvoll Bodenkontakt hat. Der Wende-
reflex des Kopfes wird aktiviert, sobald
das Kind in Bauchlage gelegt wird. Die
tadellose Funktion dieser Reflexe und ihr
Verschwinden nach einigen Lebensmona-
ten sind Zeichen einer gesunden neurologischen Entwicklung.

Angeborene Rückenprobleme

Direkt sichtbare Geburtsfehler des Rückens sind glücklicherweise sehr selten.
Spina bifida, auch als „offener Rücken"
bekannt, ist ein Defekt meist der unteren
Wirbelsäule. Die Behinderung geht von
nicht wahrnehmbar bis zu sehr schweren
körperlichen und geistigen Einschränkun-
gen. Skoliose ist eine mehr oder weniger
starke Seitkrümmung der Wirbelsäule.
Der „Schiefhals" (Torticollis) mit asymme-
trischer Kopfhaltung ist meist muskulär
bedingt.

▼ Bewegungsprofi: Neugeborene haben
das ganze Repertoire bereits einprogrammiert. Bewegungsintelligenz ist
angeboren.

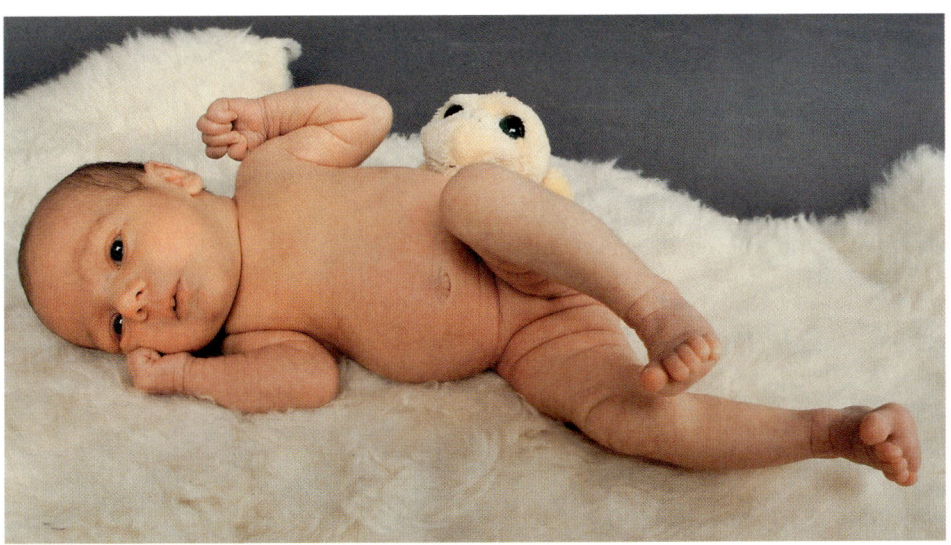

Säuglinge: Aufrichtung ist angeboren

Rekordverdächtige Lernerfolge

In den ersten Monaten sind Räkeln, Strampeln und Dehnen in ungeahnter Vielfalt angesagt. Der neue Erdenbürger „turnt" alle Bewegungsvarianten durch: die angeborenen Global Movements.

Getragen und geschaukelt werden ist jetzt das höchste der Babygefühle: Die wohlige Geborgenheit am Körper der Eltern, die Atmung der Mutter, die Stimme des Vaters, die ganze Geborgenheit fördert den Lernprozess: Nach zwei Monaten gelingt das erste Lächeln, nach drei kann die Kopfhaltung kontrolliert werden, mit vier Monaten glückt die erste Drehung, mit fünf Monaten haben sich die Kleinen so

weit koordiniert, dass Kriechbewegungen möglich werden. Halbjährig gelingt dann das Sitzen.

Vergessen Sie Schalensitze & Co!

Stützsitze, Gehhilfen und Wippen schränken die natürlichen Trainingserfolge Ihres Kindes ein. Wer seinen Nachwuchs in solchen Geräten „einparkt", staucht den kindlichen Rücken und schadet der gesamten Entwicklung. Und erzählen Sie das bitte weiter!

Achtung Ausnahme: Im Auto ist der Schalensitz unerlässlich. Aber deklarieren Sie das Ding zu dem, was es ist: ein Transportmittel.

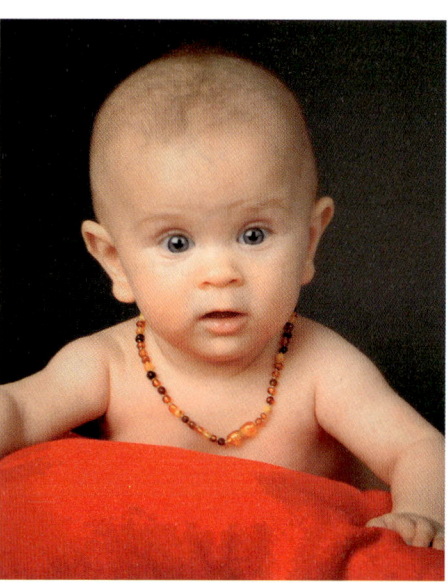

ÜBERBLICK

- Bewegungsfreiheit ist angesagt. Schränken Sie die Global Movements nicht ein: Sie wirken zwar planlos und krakelig, sind aber wichtig für die motorische Entwicklung.
- Blockieren Sie Ihr Kind nicht oder selten in Stützvorrichtungen: Am Besten bleibt der Schalensitz da, wo er hingehört: im Auto!

◄ Einschränken verboten: Bewegungsfreiheit und Geborgenheit machen Babys glücklich.

Kleinkinder: Die wollen hoch hinaus!

Erste Schritte in die Selbstständigkeit

Im esrten Lebensjahr vollzieht das Baby das Wunder der menschlichen Evolution – die Aufrichtung von der Horizontalen in die Vertikale! Das bedeutet eine Streckung um weitere 90 Grad in der Hüfte. Welche Herausforderung! Für den Körper stellen sich ganz neue Belastungsbedingungen, die biophysikalischen Einflüsse prägen die Gestalt und umgekehrt: „Äffchenstand" und O-Beine sind bei Zweijährigen so normal wie X-Beine und Hohlkreuz bei Vierjährigen. Die Wirbelsäule – bisher mehr oder weniger gerade aufgerichtet – wird durch die Wellenbewegung des rhythmischen Gehens und durch die leichten,

natürlichen Rotationsbewegungen von Becken und Kopf langsam in ihre sanfte S-Form weiterentwickelt.

Bewegungsfreiheit und Liebe für ein starkes Rückgrat!

Unglaublich, aber wahr: Die neuro- und psychomotorische Entwicklung ist in ihren Grundzügen nach 24 Monaten weitgehend abgeschlossen. Eingeprägt fürs Leben. Da zählt buchstäblich jeder Tag: Jeder Tag in Bewegungsfreiheit ist ein gewonnener Tag. Sich selbst anziehen lernen gehört zu den koordinativen Herausforderungen: Das richtige Maß zwischen Fordern und Fördern stärkt das kindliche Rückgrat – durchaus auch im übertragenen Sinn.

ÜBERBLICK

- Die Aufrichtung vom Krabbelkind zum Fußgänger vollzieht eine Jahrmillionen alte Evolutionsgeschichte im Zeitraffer.
- Leichtere O- oder X-Beine und ein Hohlkreuz sind bei kleinen Kindern völlig normal. Viel Bewegung hilft dem Körper, sich automatisch und physiologisch korrekt einzustellen.

◄ Stolze Momente: Die Aufrichtung gelingt. Das ist der entscheidende Schritt der menschlichen Evolution.

Schulkinder: Jetzt kommt's drauf an!

Mit Achtsamkeit gegen Ignoranz

Mit dem Zahnwechsel geht die körperliche Streckung des Kindes einher: Das Becken richtet sich auf, der Kopf wird zum Körper verhältnismäßig kleiner. Beobachten Sie an Ihrem Kind immer noch Knickfüße oder ein Hohlkreuz, so ist es höchste Zeit zu reagieren: Lassen Sie sich nicht mit Verharmlosungen abspeisen wie „Das wächst sich dann schon zurecht". Tut es nicht. In den meisten Fällen geschieht das Gegenteil: Das Hohlkreuz (Lordose) wird zur Gewohnheit. Nach oben muss die Brustwirbelsäule mit einem „Buckel" (Kyphose) kompensieren. Nach unten verkürzen sich die Hüftbeugermuskeln. Darauf folgen oft X-Beine, Schielknie (also Knie, die nach innen oder außen zeigen) und Knickfüße.

▼ **Dauersitzen? Nein Danke! Bewegte Freizeit können Sie mit geeignetem Inventar unterstützen.**

Abwechslung für Sitzlinge

Dynamisches Sitzen hilft und braucht lediglich Einfallsreichtum: Kleine Sitzbälle zwischen Gesäß und Stuhl wirken schon mal kleine Wunder – auch für Große. Vor dem Fernseher alle fünf Minuten Positionswechsel – mal auf dem Bauch, mal im Schneidersitz, mal seitlich liegend etc. Wenn es der Platz erlaubt: Kaufen oder improvisieren Sie ein Stehpult. Der Körper liebt diese Abwechslung.

ÜBERBLICK

- Hohlkreuz und Rundrücken wachsen sich nach dem Zahnwechsel nicht mehr spontan zurecht. Spielerische Aufrichtung ist das Gebot der Stunde.
- Stillsitzen ist erwiesenermaßen schlecht für den Rücken. Wirken Sie dieser Bewegungslosigkeit kreativ entgegen, zum Beispiel mit einem Sitzball oder einem Stehpult. Kultivieren Sie neue Sitzideen und bewegen Sie sich gemeinsam mit Ihrem Kind.

Teenager: Härtetest und Gruppendruck

Mit der Pubertät wird wieder alles anders: Durchhängen, cool sein und sich ganz bestimmt nichts sagen lassen, schon gar nicht „Halt dich gerade" – das sind ungünstige Voraussetzungen für die Aufrichtung. Die Kinder schießen auf wie Kopfsalat im Sommerregen, Körpergewicht und Körperlänge bringen Statik und Dynamik durcheinander. Schlaffe Muskeln verkürzen sich zusätzlich. Das natürliche „Stützkorsett" verliert an Kraft. Sind die Kinder nicht von jeher gewohnt, sich mit und neuerdings auch ohne Eltern viel zu bewegen, funktioniert es möglicherweise mit dem Trick der Nachahmung.

▼ **Vorbilder: Teens orientieren sich gerne nach außen.**

Den Stars abgeschaut

Zugegeben, Starrummel ist selten wertvoll. Nutzen wir ihn in schwierigen Zeiten trotzdem: Begutachten Sie gemeinsam Bilder und DVD-Sequenzen von Schauspielern mit besonders guter Haltung: Selbst der coolste Rocker hängt nicht in den Seilen, auch die verzweifelten Hausfrauen nicht und aufstrebende Starlets schon gar nicht. Sie richten sich auf, allesamt, mit Rückgrat und Schwanenhälsen! Selbstbewusstsein, Charisma und vor allem einige Zentimeter mehr Körperlänge sind die bestechend attraktiven Vorteile. Aufrichtung stärkt und dehnt zudem die Muskulatur. Sie werden sehen: Es klappt mit dem Nachahmungstrick.

ÜBERBLICK

- Wachstumsschübe und Gewichtszunahme können das Körperbewusstsein ganz schön ramponieren. Sind Sie als Eltern momentan nicht mehr als Vorbilder erwünscht, suchen Sie andere! Hauptsache es bleibt bei viel Bewegung.
- Klagt Ihr Kind über Rückenschmerzen, so nehmen Sie das unbedingt ernst. Suchen Sie gemeinsam den Arzt auf (und nehmen Sie dieses Buch mit).

Erwachsene: Das Kreuz mit dem Kreuz

Bleiben auch Sie in Bewegung!

80 Prozent der Erwachsenen haben irgendwann einmal Rückenprobleme. Unspezifische Kreuzschmerzen und Bandscheibenvorfälle sind die Nummer eins bei Arbeitsausfällen. Fälschlicherweise suggeriert diese Statistik, die Wirbelsäule sei ein „Patient" und müsse grundsätzlich geschont und stillgelegt werden. Genau das Gegenteil ist der Fall.

Die Wirbelsäule braucht intelligente Bewegung. Je selbstverständlicher diese in Ihrer Familie gepflegt wird, desto natürlicher wird sie auch im späteren Leben Ihres Kindes sein. Das schafft beste Voraussetzungen für einen gesunden Rücken.

Vorbilder machen das Nachahmen leicht

Je kleiner das Kind, umso mehr lernt es emsig über Nachahmung. Die Zeit des Hinterfragens und der Opposition kommt früh genug. Nutzen Sie frühzeitig und konstruktiv diese Zeit der mühelosen Prägung. In einer Musikerfamilie ist es selbstverständlich, dass ein Instrument geübt wird. Mit Haltung und Bewegung ist es ebenso: Seien Sie eine Körperfamilie – ob sportlich oder nicht, spielt gar keine Rolle! Wertschätzung und Interesse stehen am Anfang, und Ihre Familien-Rücken danken es Ihnen mit mehr Beweglichkeit und weniger Schmerz. Die beste Voraussetzung für eine gesund Rückenzukunft.

> ## ÜBERBLICK
>
> - Bewegung hat wenig mit Sport zu tun: Wer zwei Stunden täglich trainiert, macht das toll! Für alle anderen gilt: Nutzen Sie den Alltag, bewegen Sie sich intelligent und bewusst. Das ist die beste Prävention für Ihren Rücken, und nebenbei werden Sie Ihrer Vorbildfunktion gerecht.

◀ Körperbetont: Setzen Sie als Eltern immer wieder bewegende Akzente. Auch ungewöhnliche!

Anatomie: Aufrichtung mit System

„Rücken" ist kein anatomischer Begriff, sondern die Bezeichnung für die „große Fläche zwischen Kopf und Gesäß". Eine Großregion mit interessanten Beziehungen nach innen und nach außen. Der Austausch mit der Nachbarschaft ist rege und entscheidend für die Gesundheit des Rückens. Viel zu oft wird der Rücken als schonungsbedürftiger Patient angeschaut. Das ist der Anfang allen Übels, denn eigentlich will der Rücken nichts anderes als Bewegung nach allen Seiten. Dabei gibt es aber einige wichtige Spielregeln zu beachten – und genau da mangelt es oft.

Ist es nicht seltsam? Mit Selbstverständlichkeit lesen wir Packungsbeilagen von neuen Errungenschaften. Wir nehmen Fahrunterricht, um unser Automobil richtig zu bedienen, und studieren Gebrauchsanweisungen für das neue Haushaltsgerät. Nur beim eigenen Körper legen wir los, wie es gerade so kommt. Das geht in vielen Fällen nicht langfristig gut.

Die technisierte Welt schränkt die Bewegungsvielfalt ein. Auf der anderen Seite werden die Menschen immer älter und immer größer. Wer mit 80 noch fit sein will, tut gut daran, die Gebrauchsanweisung des eigenen Körpers zu kennen und zu berücksichtigen. Davon soll der Rücken profitieren, auch wenn er so ganz hinten und eher unsichtbar am Körper scheinbar weniger wichtig ist als die hübsch gestylte Vorderansicht. Aber keine Bange! Anatomie ist spannend und alltagstauglich, keine knochentrockene Theorie!

Die wichtigsten Punkte für einen aufgerichteten und starken Rücken sind Streckfähigkeit der Hüftgelenke sowie Längszug und Rotationsfähigkeit der Wirbelsäule:

- Volle Streckung der Hüftgelenke ist Voraussetzung. Die evolutionsgeschichtliche Aufrichtung vom Vierbeiner zum Zweibeiner wird von jedem Menschen noch einmal nachvollzogen.

- Entscheidend für die Gesundheit der Wirbelsäule ist ihre natürliche Länge! Diese Längsspannung wird durch Einrollen der beiden Pole Kopf und Becken erreicht.

- Länge und Aufrichtung der Wirbelsäule sind evolutionsgeschichtlich an die Rotation gekoppelt. Der Mensch ist ein Kreuzgänger: Die Wirbelsäule verschraubt sich beim Gehen abwechselnd nach rechts und nach links.

Hüftgelenke: Dreh- und Angelpunkt der Aufrichtung

Vor vier Millionen Jahren entwickelte sich der Urmensch vom Vierbeiner zum Zweibeiner – eine gewaltige Veränderung für die Hüftgelenke: Der Oberkörper drehte von der Waagrechten in die Senkrechte. Zwei Kugelgelenke sorgen für volle Bewegungsfreiheit der Beine, raffiniert geschlungene Bänder und Muskeln sichern und bewegen das System. Mit dem richtigen Dreh im Hüftgelenk werden Höchstleistungen ermöglicht.

Knackpunkt: Viele Menschen sind in den Hüftgelenken nicht vollständig aufgerichtet. Die Bewegungsfreiheit ist eingeschränkt, schlecht positionierte Gelenkkugeln scheuern an der Hüftgelenkspfanne. Der verkürzte Iliopsoas-Muskel – das ist der kräftige Beugemuskel des Hüftgelenks – zieht das Becken gnadenlos ins Hohlkreuz. Wirklich dramatisch: Den meisten Menschen ist das nicht bewusst ist – und keiner sagt es ihnen.

Bewegliche Hüften und ein ausbalanciertes Becken sind die Schlüssel zur Lösung zahlreicher Rückenprobleme. Die Bedeutung der Hüftbeweglichkeit und speziell seiner Streckfähigkeit wird oft massiv unterschätzt. Testen Sie am besten gleich die ganze Familie mit den Selbsttests auf Seite 24.

ÜBERBLICK

- Die Entwicklung zum aufrechten Menschen war und ist für die Hüftgelenke eine riesige Herausforderung. Die Hüftstreckung ist eine lebenslange Aufgabe.
- Der dehnbare Iliopsoas-Muskel stellt die volle Beweglichkeit des Hüftgelenks sicher. Ist er verkürzt, zieht er den Rücken ins Hohlkreuz.

 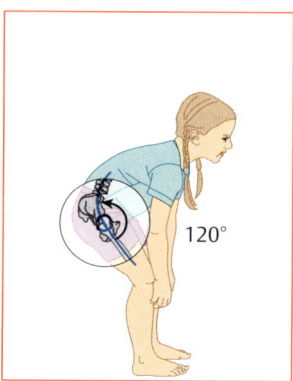 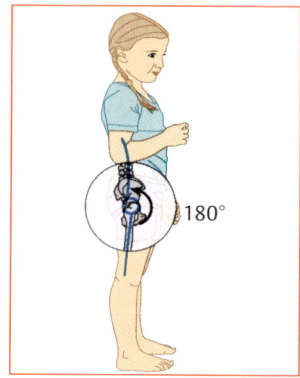

▲ Aufrichtung: bis heute eine Herausforderung für das Hüftgelenk.

Becken: Auffangschale unter der Wirbelsäule

Das Becken heißt nicht nur so, es ist auch eins, gefüllt mit lebenswichtigen Organen. Der obere Beckenrand schließt den Rücken „offiziell" nach unten ab. Inoffiziell läuft die Wirbelsäule noch wesentlich weiter hinunter, bis ans Ende des Steißbeins tief im kleinen Becken. Rücken und Becken sind unzertrennliche Teamspieler: Wie jedes andere Becken muss auch das menschliche Becken gerade gehalten werden, damit der Inhalt nicht verschüttet wird. Kippt es nach vorne, entsteht hinten ein Hohlkreuz und vorne ein Quellbäuchlein. Auch schlanke Menschen bekommen einen Überhängebauch, wenn ihre inneren Organe nach vorn drängen. Kippt das Becken zu sehr nach hinten, ist die Balance ebenfalls aus dem Lot: Muskeln werden hinten überstreckt, vorne verkürzt, die Brustwirbelsäule muss ausgleichen. Die Übung auf Seite 52 schult das perfekte Teamwork der beiden Partner Becken und Rücken.

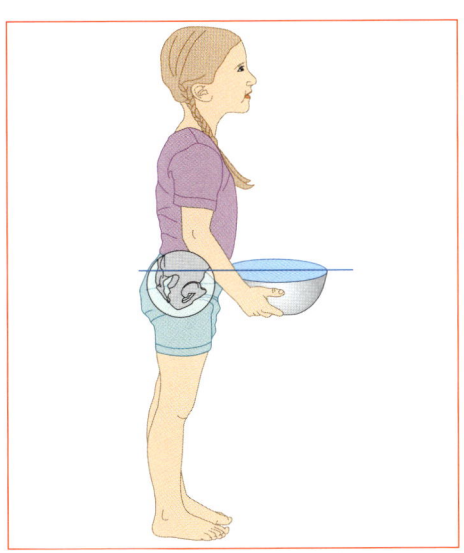

▲ Zentriert: Das Becken kann seine Funktion wahrnehmen.

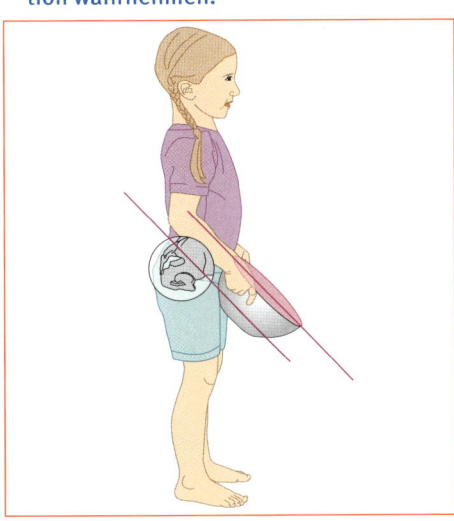

▲ Ausgekippt: Die inneren Organe drücken gegen die Bauchwand.

ÜBERBLICK

- Das menschliche Becken ist tatsächlich ein Becken: Halten Sie es gerade, damit die Organe nicht „auskippen" und keine Fehlhaltungen entstehen.
- Hohlkreuz und Quellbäuchlein sind Hinweise für ein nach vorne gekipptes Becken.

Kreuz: Was Hänschen jetzt lernt ...

Kreuzschmerzen kennt fast jeder. Die leichte S-Form der Wirbelsäule wird im unteren Rücken oft übertrieben: Beim Hohlkreuz stehen die Wirbel wie ein schlecht aufgeschichteter Dosenturm bedenklich instabil übereinander. Diese Instabilität kriegen die Bandscheiben zu spüren: Diese Stoßdämpfer zwischen den einzelnen Wirbeln werden hinten zu stark belastet und aus ihrer Position gequetscht. Das klingt schon schmerzhaft, und wer es am eigenen Leib erlebt hat, ist brennend daran interessiert, den „Wirbelturm" ins Lot zu rücken und die Muskulatur rund um stützend aufzubauen.

Im Erwachsenenleben sind das große Herausforderungen, die viel Schulung und Therapie benötigen. Hänschen hat es da einfacher als Hans: Aufmerksame Erziehende – zu Hause, in der Schule oder im Training – lenken die Aufmerksamkeit weg von der Stoppuhr, hin zum Kreuz. Intelligente Zuwendung mit Belastbarkeit und Beweglichkeit auf Schritt und Tritt lohnt sich: schmerzfrei und beweglich bis ins hohe Alter.

ÜBERBLICK

- Ein Hohlkreuz hat eine einseitige Belastung der Bandscheiben zur Folge. Fehlhaltung kann vor allem in jungen Jahren mit Bewegungserziehung korrigiert werden.
- Intelligentes Training richtet sich nach dem individuellen Stärken- und Schwächenprofil – nicht nach Stoppuhr und Messband.

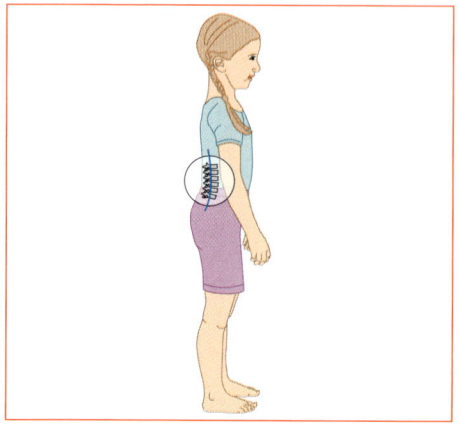

▲ Säule: gleichmäßig und mit leichtem Schwung – ein Segen für die Bandscheiben.

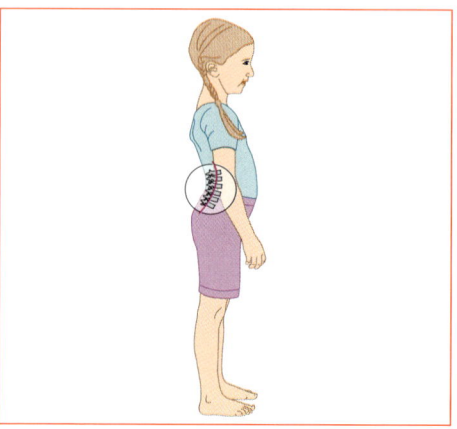

▲ Schiefer Turm: Das geknickte Hohlkreuz staucht den unteren Rücken.

Brustwirbelsäule: Und sie dreht sich doch!

Vergessen Sie den Ausdruck Brustkasten. Er wird diesem elastisch-stabilen Flechtwerk von Knochen und Muskeln nicht gerecht. Die flexible Leichtigkeit kann mit einer Ziehharmonika verglichen werden: Luft schöpfen, auffächern und zusammenfalten bei jedem Atemzug, bei jedem Schritt. Also Gehen mit dem Brustkorb? Genau das ist die Kunst, bei Läufern oft sehr schön zu erkennen. Das spiralige Hin und Her, Auf und Zu des befreiten Brustkorbs unterstützt die Atmung, ohne sie zu dominieren. Ist der Brustkorb starr, ein Kasten eben, werden auch die Brustwirbel unbeweglich – meist mit schlimmen Folgen für Kreuz- und Nackenwirbelsäule.

Die Brustwirbelsäule ist geboren zum Drehen und Wenden. Tut sie es nicht mehr, muss die Drehung von der Lendenwirbelsäule übernommen werden. Dafür ist diese aber nicht gebaut: Drehbewegungen in der unteren Wirbelsäule scheuern an den kleinen Wirbelgelenken. Wer die Brustwirbelsäule befreit, entlastet das Kreuz. Kinder machen das meist spontan richtig – vorausgesetzt sie konnten ihr Bewegungseinmaleins im Babyalter fleißig üben.

ÜBERBLICK

- Vergessen Sie das Bild des Brustkastens: Der Brustkorb – und mit ihm die Brustwirbelsäule – ist ein stabil-flexibles Hightech-Geflecht mit einem enormen Gesundheitspotenzial!
- Geht die Drehbeweglichkeit der Brustwirbelsäule verloren, müssen Nacken- und Lendenwirbelsäule das schmerzlich büßen!

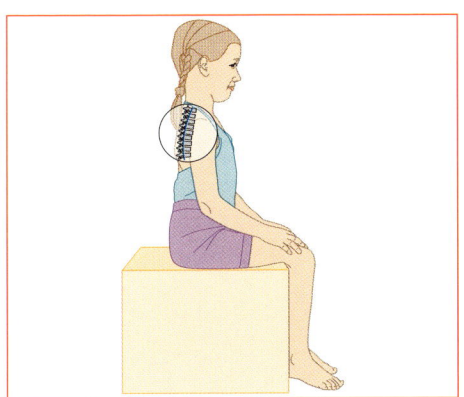

▲ Drehfreudig: Aufgerichtet lässt sich's munter wirbeln.

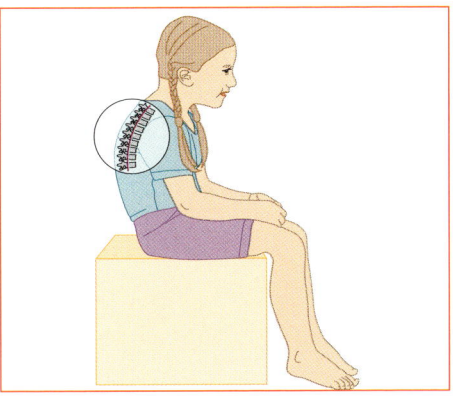

▲ Starr: Der Rundrücken versteift sich mit der Zeit.

Nacken: Freiheit für die kleinen Feinen!

Der Nacken kann als oberster Teil des Rückens bezeichnet werden. Er ist bildlich gesprochen der Flaschenhals des Körpers, der hochsensible Übergang zwischen der „Steuerzentrale" Kopf und dem „Betriebssystem" Körper. Luft- und Speiseröhre, Wirbelsäule und Rückenmark, Arterien, Venen und die gesamte Nervenversorgung zwischen Gehirn und Körper passieren diesen Engpass. Dazu kommen der Kehlkopf mit den Stimmbändern, Muskeln, Sehnen und Bandstrukturen. Kein Wunder ist der Nacken die eigentliche „Achillesferse" des Körpers: Staulagen, welcher Art auch immer, bleiben nie ohne Folgen.

Bei Kindern und Erwachsenen sind Fehlhaltungen häufig. Die klassische „Schildkrötenhaltung" oder der „Geierhals" sind typisch für das stundenlange Sitzen in der Schule oder vor dem Fernseher. Der Kopf sinkt in den Nacken ab, das Kinn rutscht nach vorne. Diese Staulage ist so ungünstig, wie sie aussieht. Zusätzlich zu allem Stress muss das Hirn den nach oben gekippten Blickwinkel andauernd nach unten auskorrigieren, um ein vernünftiges Bild zu erhalten. Überlastung und Unterfunktionen auf allen Ebenen sind programmiert.

ÜBERBLICK

- Der Nacken ist Flaschenhals und Achillesferse des Körpers. Eine korrekte Haltung wirkt sich so positiv aus, wie Fehlhaltungen schaden.
- Der schildkrötenartig vorverlagerte Kopf beeinträchtigt die Sinnesorgane und führt zu Verspannungen. Korrekte Haltung wirkt Wunder!

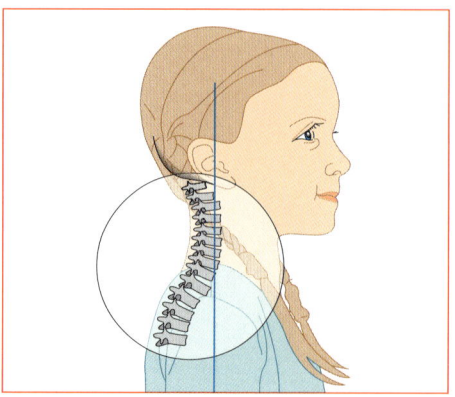

▲ Edel: Der lange Nacken lässt die Energien frei fließen.

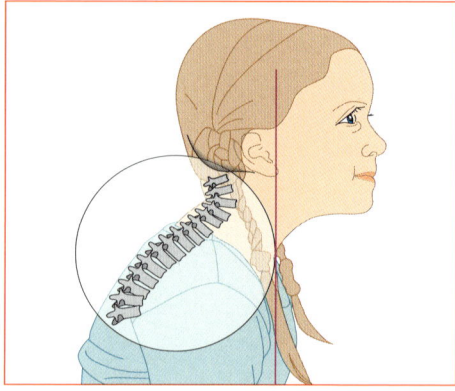

▲ Gestaucht: Der Hohlnacken bringt Wirbel und Bandscheiben unter Druck.

Schultern: Lass den Drachen steigen

Die Schultern gehören von hinten gesehen diskussionslos zum Rücken. Sie sind die Übertragungseinheit der Bewegungen vom Rumpf zu Arm und Hand. Das alles läuft über das Schultergelenk. Ganz im Gegensatz zum massiven Hüftgelenk ist es in Leichtbauweise konstruiert. Das ist Fluch und Segen zugleich: Handlungsvielfalt und Beweglichkeit sind die Vorteile, Fehlbelastung, Verspannungen und Verletzungsgefahr sind die Probleme.

Verspannungen der Schultermuskulatur stehen bei Erwachsenen im Zentrum. Bei Kleinkindern, die an der Hand der Eltern gehen lernen, ist reflexartig rettendes Hochreißen bei Sturzgefahr das Problem Nummer eins: Was von den Eltern gut gemeint ist, kann schon mal unerkannte oder schwerere Verletzungen im Schulterbereich, am Schlüsselbein oder am Ellbogen verursachen. Später führen Hängeschul-

tern – bei Mädchen oft in Kombination mit nach vorn gezogenen Schultern – zu Bewegungseinschränkungen und Verspannungen der Schultern. Erschwerend: Schüler schleppen oft kiloweise Schulmaterial. Hier gilt die Faustregel: Regelmäßig über 15 Prozent des Körpergewichts ist problematisch. Regel Nummer zwei: Lasten immer auf beide Schultern verteilen.

ÜBERBLICK

- Die Schultergelenke sind in Leichtbauweise konstruiert, superflexibel und anfällig für Fehlbelastung und Verspannungen.
- Lasten wie Schultaschen immer auf beide Schultern verteilen. Das gilt besonders im Wachstum!

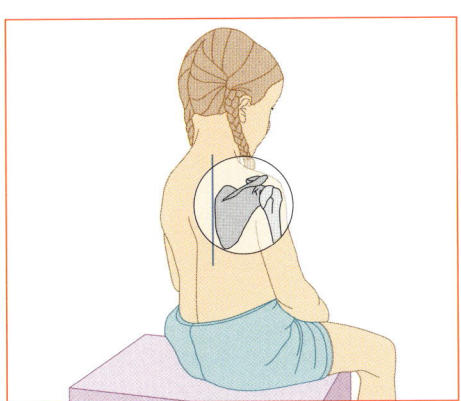

▲ Entspannt: So sehen perfekt positionierte Schulterblätter aus.

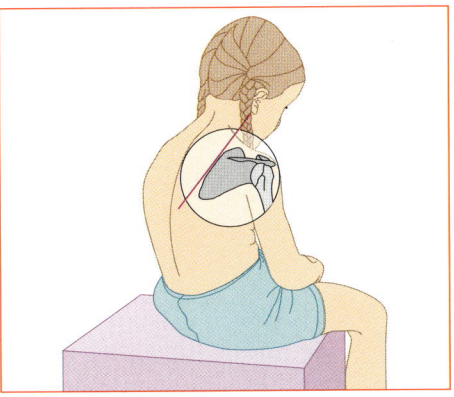

▲ Verspannt: Nach vorne gezogene Schultern ziehen das Schulterblatt mit.

Rückenprobleme

Nachdem Sie einen Blick auf die Anatomie geworfen haben, geht es nun darum, der Lösung von Rückenproblemen auf die Spur zu kommen. Sind die Hüften dehnbar, das Becken gerade? Steht Ihr Kind im Hohlkreuz oder hat es einen Rundrücken? Sind Schultern und Nacken entspannt?

Auf den folgenden Seiten gehen wir den Körper vom Becken aufwärts bis zum Kopf durch und zeigen Ihnen, wo und wie Rückenprobleme entstehen können. Mit den Selbsttests werden Sie schnell feststellen, wie beweglich Becken, Wirbelsäule, Schultern und Nacken Ihres Kindes sind. Beachten Sie zwei Dinge:

Erstens: Sie können mit den Tests keine Diagnose stellen. Wichtig und spannend ist vielmehr die neue Erkenntnis, wie es bei Ihnen und Ihren Lieben um die Beweglichkeit der Wirbelsäule bestellt ist. Zudem geben Ihnen die Tests eine gute Grundlage für ein Gespräch mit Sporttrainern, Lehrkräften oder auch mit dem Hausarzt.

Zweitens: Respektieren Sie bei allen Übungen und Selbsttests die Schmerzgrenze. Bei Dehnpositionen ist ein Ziehen durchaus erwünscht. Schmerzen dürfen aber nicht auftreten. Und erschrecken Sie nicht, wenn bei einem Test irgendwelche „Verdachtsmomente" für Probleme zutage treten: „Nobody is perfect", jeder Körper hat seine Eigenheiten, sein urpersönliches Stärken- und Schwächenprofil. Kennenlernen, nicht kritisieren, steht bei den Tests im Vordergrund.

Fangen Sie am besten mit sich selbst an oder machen Sie auf jeden Fall mit. Wir wünschen eine aufschlussreiche Unterhaltung!

Leistenverkürzung: Der heimliche Spielverderber

Wehret den Anfängen!

Der Hüftbeugemuskel, Iliopsoas-Muskel genannt, war einer der Hauptakteure bei der Aufrichtung des Menschen. Dieser Muskel zieht von der Lendenwirbelsäule nach vorne-unten und über das Hüftgelenk zur Innenseite des Oberschenkels. Der Iliopsoas musste sich gewaltig dehnen und verlängern, um den Menschen aufrecht und in Balance halten zu können. Das hat er geschafft, aber er bleibt oft der heimliche Spielverderber. Oft ist er verkürzt und schränkt die Bewegungsfreiheit ein.

ÜBERBLICK

- Der Hüftbeugemuskel Iliopsoas hat in vier Millionen Jahren menschlicher Entwicklung und Aufrichtung eine zentrale Bedeutung. Oft ist er verkürzt und schränkt die Aufrichtung ein.
- Kinder durchlaufen die Aufrichtung vom krabbelnden „Vierbeiner" zum aufrechten Menschen in Rekordzeit. Später kann die Aufrichtung z. B. durch viel Sitzen wieder verloren gehen.

Den Evolutionsschritt der Aufrichtung muss jeder Mensch noch einmal tun, und zwar höchstpersönlich und aktiv. Bei Frühgeborenen erkennen wir die typische Fröschchenhaltung: Zusammengekauert im Mutterleib sind Babys nach der Geburt nicht in der Lage, die Beine zu strecken. Da macht der Iliopsoas noch nicht mit. Nach ein paar Monaten gelingt die Aufrichtung, aber es kann dauern, bis dieser Entwicklungsschritt komplett vollzogen ist.

Bei genauerem Hinsehen erreichen viele Menschen diesen erhebenden Moment gar nie: Ewiges Sitzen mit dem 90-Grad-Knick in der Hüfte verkürzt den Iliopsoas. Der Mensch macht sich salopp gesagt wieder zum Affen: Das Hüftgelenk bleibt gebeugt, Hüftprobleme, Hohlkreuz, Rückenschmerzen, eine unvorteilhafte Figur und Bewegungseinschränkungen sind die Quittung. Die Lösung des Problems ist einfach: Richten Sie sich täglich auf und gehen Sie mit voller Größe durch den Tag.

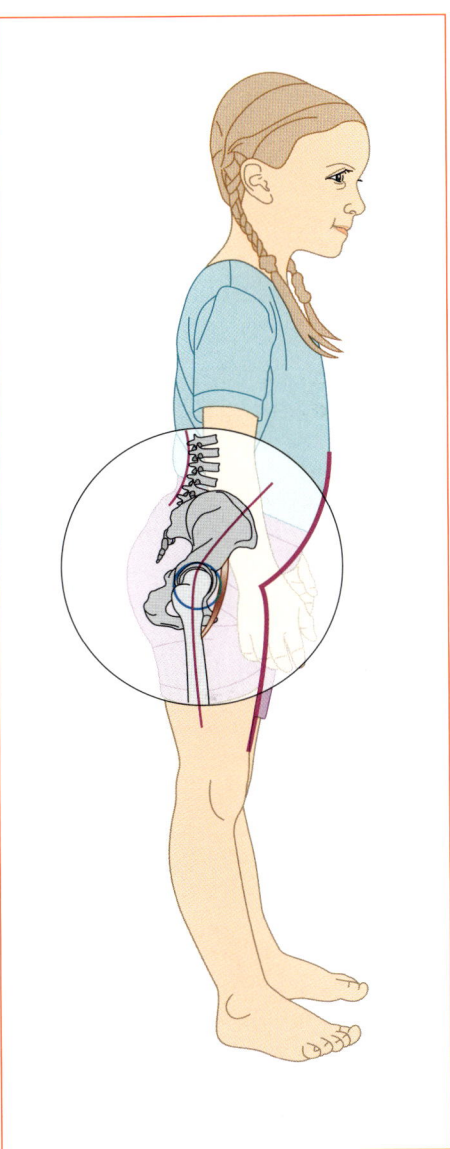

▲ Leistenverkürzung: Die unvollendete Aufrichtung ist ein Rückschritt in der Evolution. Rücken- und Hüftprobleme sind programmiert.

Selbsttest: Dem Hüftbeuger auf der Spur

Der Hüftbeugemuskel Iliopsoas leidet vor allem unter den Sitzgewohnheiten seines Besitzers: Wer immer schön brav auf seinem Stuhl sitzt – mit 90 Grad Beugung in Knie und Hüftgelenk – ist besonders anfällig. Bei Kindern ist eine Verkürzung noch selten, bei Erwachsenen schon fast Standard. Ungünstig ist die Verkürzung in jedem Fall: Schaffen Sie Klarheit!

Start

Legen Sie sich auf dem harten Boden auf den Rücken und strecken Sie beide Beine. Im Bett zählt es nicht, das ist zu weich, Sie wollen schließlich harte Fakten! Strecken Sie sich zu voller Länge und entspannen Sie sich dann.

Ziel

Ziehen Sie das rechte Bein an den Körper, indem Sie mit verschränkten Händen etwas unterhalb des Knies den Unterschenkel umfassen. Ziehen Sie das Bein ganz an den Oberkörper. Sie können ruhig kräftig ziehen, das schadet nicht. Achten Sie auf lockeren Bodenkontakt der Schultern und auf den langen Nacken, damit kein unnötiger Druck im Hals-Nacken-Bereich entsteht. Bleiben Sie mit Ihrem linken Bein entspannt und lang gestreckt, vom Scheitel bis zur linken Fußsohle.

Analyse

Was macht das linke Bein? Kann es gestreckt auf dem Boden bleiben wie in der obersten Abbildung auf Seite 25? Dann haben Sie einen voll beweglichen Iliopsoas. Hebt sich das linke Knie zwangsläufig an wie die zweite und dritte Abbildung auf der Seite 25 zeigen? Das ist der zweifelsfreie Beweis, dass der Iliopsoas verkürzt und das Hüftgelenk zu wenig beweglich ist.

Hinweis

Testen Sie einmal mit dem rechten und einmal mit dem linken Bein. Das kann ohne weiteres unterschiedlich sein. Übungen, die sich bei einem verkürzten Hüftbeuger anbieten, sind der Brückenbauer (Seite 56) und Leseratte (Seite 82).

RÜCKENPROBLEME

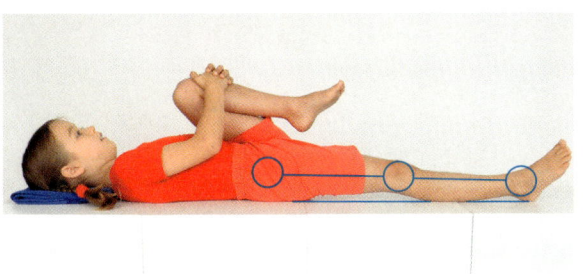

◀ Zielposition für den Hüftbeuger-Test: Das eine Bein an den Oberkörper ziehen, das andere ganz strecken.

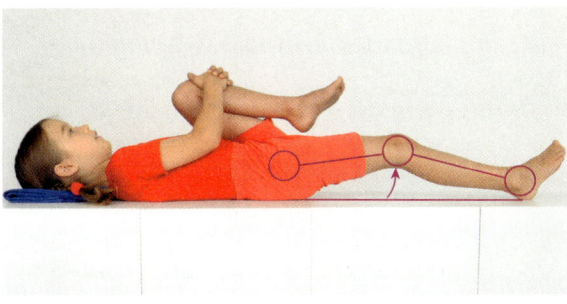

◀ Leichtes Streckdefizit: Die verkürzten Hüftbeugemuskeln verhindern die vollständige Streckung.

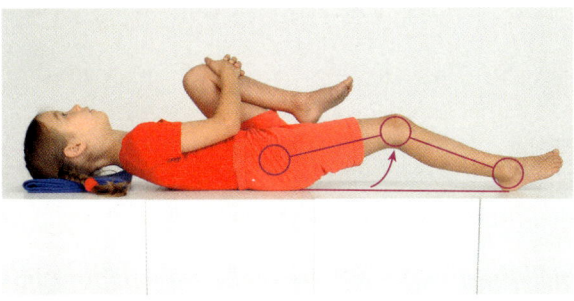

◀ Starkes Streckdefizit: Das Bein bleibt stark gebeugt, der Nacken verkürzt sich.

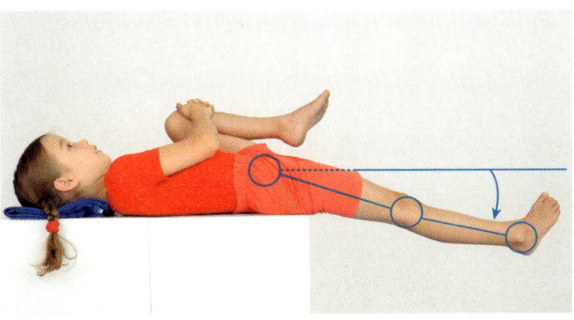

◀ Superbeweglich: Das Bein kann über den Nullpunkt hinaus gestreckt werden, die Hüftbeuger sind total entspannt.

Beckenschiefstand: Zentrum mit Schräglage

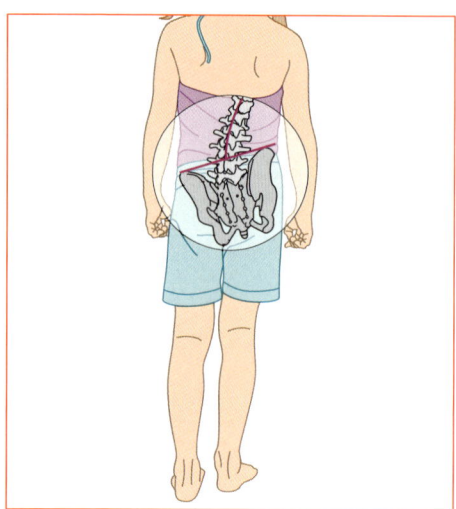

▲ Beckenschiefstand: Die Ursachen entscheiden über die Therapie.

Die Ursache liegt oft im Rücken

Um es gleich vorwegzunehmen: Bei Beckenschiefstand ist ein Ausgleich mittels höherer Schuhsole nur angebracht, wenn die Ursache definitiv in der Beinlängendifferenz, nicht in Becken oder Wirbelsäule, zu finden ist. Der Beckenschiefstand kann grundsätzlich drei Ursachen haben.

Erstens: Neben angeborenen Beinlängendifferenzen sind es vor allem Knochenbrüche und Wachstumsstörungen, die zu Verlängerung oder Verkürzung eines Beines führen können. Bei Brüchen entscheiden die Operationstechnik des Zusammenschraubens und die Lokalisation der Verletzung über die spätere Beinlänge.

Zweitens: Neben der natürlichen S-Form der Wirbelsäule kann eine seitliche Verkrümmung, eine Skoliose, dazu kommen. Dadurch wird das Becken auf einer Seite nach oben und oft auch zur Seite gezogen. Vor allem Mädchen leiden darunter, Jungen sind seltener betroffen. Der Auslöser ist unbekannt, eine Therapie unumgänglich: Dabei ist eine aktive funktionelle Therapie, die dem Rücken Bewegungsalternativen und Korrekturmöglichkeiten vermittelt, sinnvoll. Passiv stützende Korsetts sind umstritten.

Drittens: Ursache kann eine dreidimensionale Verdrehung des Beckens in sich selbst sein. Von hinten sieht die linke Hüfte höher aus als die rechte, von vorne wirkt es umgekehrt. Individuelle Bewegungsmuster und Alltagsgewohnheiten, z.B. stundenlanges Sitzen mit immer demselben übergeschlagenen Bein, können Ursachen für einen Beckenschiefstand sein.

ÜBERBLICK

- Neben angeborenen Beinlängendifferenzen können Wachstumsstörungen, Verletzungen und Fehlstellungen im Becken oder in der Wirbelsäule einen Beckenschiefstand verursachen.
- Beckenschiefstand kann auch durch Fehlhaltung „antrainiert" sein.

Selbsttest: Beinlängen unter der Lupe

Bei Kindern und Jugendlichen ist der Beckenschiefstand ein recht häufiges Problem: Von vorne oder hinten betrachtet steht das Becken sichtbar schief. In neun von zehn Fällen ist der Beckenschiefstand funktionell: Lendenwirbelsäule, Becken und Hüftgelenk sind asymmetrisch, die Beine aber gleich lang. Eine echte anatomische Beinlängendifferenz ist viel seltener und meist Folge von Beinbrüchen oder Wachstumsstörungen: Diese gilt es zu erkennen, sie kann und soll mit einer Schuherhöhung korrigiert werden.

Start

Markieren Sie beide Knie mit einem dunklen Kleber oder mit einem – wasserlöslichen – dunklen Filzschreiber. Auch ein Lippenstift funktioniert! Damit die Markierung präzise am richtigen Punkt ist, setzen Sie sich hin, ziehen das angewinkelte Bein etwas nach oben und suchen den höchsten Punkt des Knies wie abgebildet. Stellen Sie sich – am besten mit kurzer Hose und Markierungen auf den Knien wie in den Abbildungen auf der folgenden Seite gezeigt – an die Wand.

Ziel

Gleiten Sie nun mit dem Rücken langsam an der Wand entlang nach unten, bis Sie ungefähr in Sitzposition sind. Zwischen Oberkörper und Oberschenkel entsteht ein rechter Winkel, ebenso zwischen Ober- und Unterschenkel. Das Becken an der Wand bleibt möglichst gerade und fixiert.

Analyse

Schauen Sie nun von oben herab auf Ihre Knie: Sind die beiden Punkte gleich weit vorne und gleich weit oben oder ist der eine Punkt etwas weiter vorn oder hinten als der andere? Sind die Kniepunkte genau nebeneinander in einer Ebene, sind Ihre Beine gleich lang. Ist ein Punkt leicht vor- oder rückverlagert, ist das ein Hinweis auf eine Längendifferenz der Oberschenkel. Steht ein Punkt höher oder tiefer, weist das auf eine Längendifferenz der Unterschenkel hin. Beckenschiefstand und Beinlängendifferenzen können nicht einfach weggeübt werden. Eine klare ärztliche Diagnose steht am Anfang der sinnvollen Therapie.

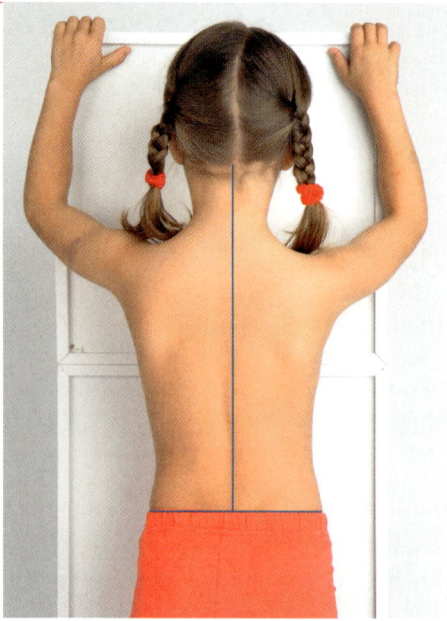

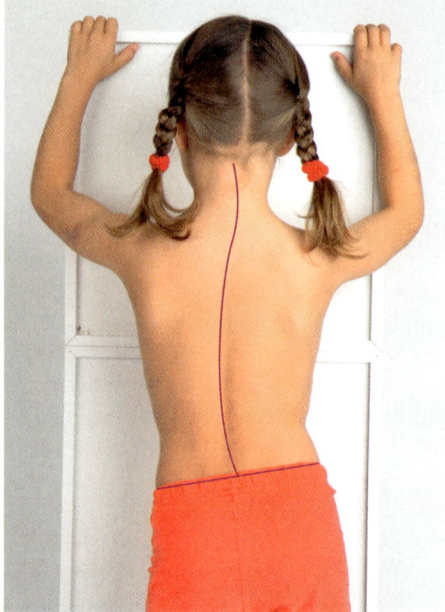

▲ Die Wirbelsäule ist gerade, das Becken zentriert – ideale Voraussetzungen für harmonische Bewegungen.

▲ Schiefes Becken: Ursachen können unterschiedliche Beinlängen oder Asymmetrien der Wirbelsäule sein.

▼ Rechte Winkel und Symmetrie deuten darauf hin, dass beide Beine gleich lang sind.

▼ Steht ein Knie höher oder ragt es weiter nach vorn, liegt eine Asymmetrie vor.

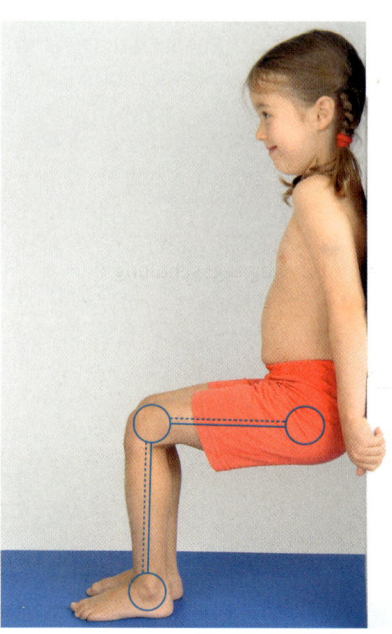

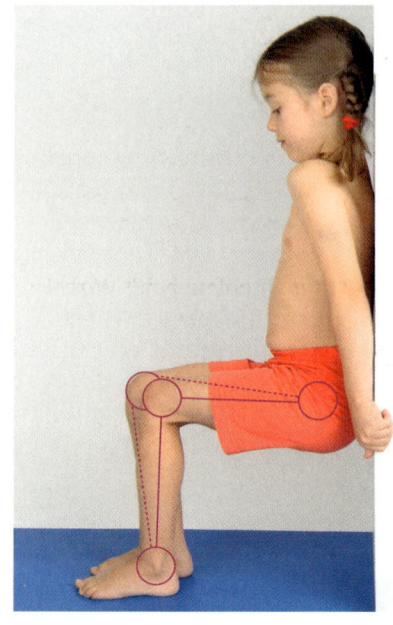

Hohlkreuz: Homo erectus auf halbem Wege

Die Quittung kommt im Erwachsenenalter

Kleine Kinder bis zu ca. sechs Jahren stehen oft im Hohlkreuz. Das ist unproblematisch und liegt in der gesunden Entwicklung der Wirbelsäule. Man nennt dies das funktionale Hohlkreuz. Mit dem Zahnwechsel beginnt sich das Kind zu strecken. Mit diesem Wachstumsschub soll auch das starke Hohlkreuz langsam verschwinden, das Becken richtet sich auf. Findet diese Aufrichtung nicht statt, bleibt das Kind sozusagen im Hohlkreuz stecken. Das ist im Kindesalter noch nicht tragisch. Die Wirbelsäule hat vorerst noch ihre volle Bewegungsfähigkeit.

Mit den Jahren kommt es aber zum fixierten Hohlkreuz. Die Lendenwirbelsäule verliert die angeborene Beweglichkeit und kann sich nicht mehr begradigen und einrollen. Die Muskulatur verkürzt sich hinten, die Bandscheiben werden hinten über Jahre erbarmungslos gequetscht, bis sie in ihrer Verzweiflung nach hinten durchbrechen und als Bandscheibenvorfall auf einen Rückenhauptnerv drücken.

Ein zweites Kreuzproblem heißt Wirbelgleiten: Der unterste oder zweitunterste Lendenwirbel tanzt aus der Reihe und gleitet nach vorn. Je früher gehandelt wird, umso besser. Entscheidend sind Beckenaufrichtung und eine kräftige Muskulatur. In den meisten Fällen ist der Verlauf günstig.

▲ Hohlkreuz und Quellbäuchlein: typisch für Kleinkinder. Mit Zahnwechsel und Wachstumsschub soll das verschwinden.

ÜBERBLICK

- Mit dem Zahnwechsel soll das Hohlkreuz verschwinden. Bleibt es, ist Bewegungsschulung angesagt – für eine schmerzfreie Zukunft im Erwachsenenalter.
- Ein Hohlkreuz kann lange Jahre beschwerdefrei bleiben. Die Quittung kommt erst im Erwachsenenalter, wenn aus der Gewohnheit eine fixierte Fehlhaltung geworden ist.

Selbsttest: Echt, unecht oder gar kein Hohlkreuz?

Der typische Entenpopo deutet auf ein Hohlkreuz hin. Mit dem Vorbeuger-Test können Sie erkennen, ob es sich um ein echtes, also fixiertes Hohlkreuz oder um eine ungünstige Haltungsangewohnheit handelt. Für Kinder gilt: Bis zum Zahnwechsel ist ein Hohlkreuz normal. Mit der Streckung mit rund sieben Jahren sollte sich das Becken aufrichten. Besteht weiterhin ein Hohlkreuz, vielleicht in Kombination mit durchgedrückten Knien und Knickfüßen, ist eine genauere Abklärung angesagt. Das fixierte Hohlkreuz wird bei Menschen ab acht Jahren am besten therapeutisch behandelt. Das unechte Hohlkreuz kann vorerst mit erzieherischen Mitteln, mit Bewusstsein und Bewegungsschulung angegangen werden.

Start
Stellen Sie sich gerade hin, am besten barfuß oder mit Socken. Ein nicht zu weites T-Shirt vereinfacht die Beobachtung.

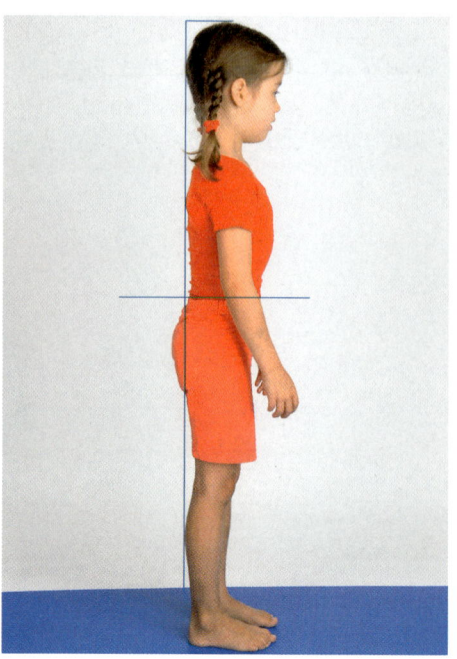

Ziel
Langsam vornüberbeugen und die Wirbelsäule einrollen. Die Beine sind in den Knien leicht gebeugt, damit nicht zu viel hemmender Zug auf die hintere Beinmuskulatur kommt. Der Oberkörper hängt locker nach unten, Kopf und Arme baumeln gen Boden.

Analyse
Wie sieht der Rücken, insbesondere der Kreuzbereich aus? Entsteht ein harmonischer C-förmiger Bogen von Gesäß bis Nacken? Das wäre perfekt. Beim fixierten echten Hohlkreuz bleibt der Kreuzbereich flach, er kann sich nicht rund machen. Oder es bleibt gar eine Delle bestehen: Vornübergebeugt kann diese Lordose nicht aufgelöst werden. Übungen siehe Seite 52, 56 und 64.

◀ Startposition: Locker und gerade aufgerichtet mit Längsspannung in der Wirbelsäule stehen.

▲ Zielposition: Die Wirbelsäule wird eingerollt, sodass ein harmonischer C-Bogen
entsteht.

▲ Echtes Hohlkreuz: Der untere Rücken
kann sich nicht rund machen, der Bogen
ist nicht harmonisch.

▼ Quellbäuchlein: Aufrecht stehend verrät das nach vorne gekippte Becken die
Hohlkreuzhaltung.

▼ Kollaps: Zusätzlich buckelt die Brustwirbelsäule. Eine Gewohnheit mit fatalen
Auswirkungen in der Zukunft.

Rund- und Flachrücken: Beweglichkeit ist das A und O

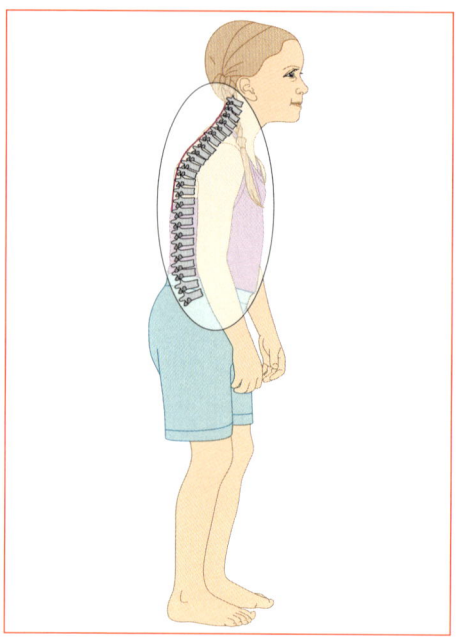

◄ Rundrücken: In jungen Jahren meist nur eine schlechte Angewohnheit.

Doch aufgepasst: Es muss nicht immer schlechte Angewohnheit sein. Jugendliche zwischen dem 12. und 18. Lebensjahr können in starken Wachstumsphasen vom Morbus Scheuermann betroffen sein: Die normalerweise harten, stabilen Deckel- und Bodenplatten der Wirbel sind noch nicht bruchfest. Typischerweise werden die Wirbel beim Rundrücken vorne mehr zusammengedrückt als hinten, was bis zu einer keilförmigen Deformierung führen kann. Ist die Lendenwirbelsäule betroffen, werden Wirbelkörper und Bandscheiben in Mitleidenschaft gezogen. Jungen sind doppelt so häufig betroffen wie Mädchen. Ungefähr ab dem 20. Lebensjahr ist die Krankheit überstanden, die entstandenen Schäden aber bleiben.

Rundrücken: Durchhänger mit Spätfolgen

In einem gewissen Alter ist stramm sitzen einfach nicht angesagt. Omas Mahnung „Setz dich gerade hin" hat daher vermutlich jeder schon einmal gehört – und mit einem Augenrollen quittiert. Dabei ist die Mahnung durchaus berechtigt. Medizinisch gesehen ist das lässige Vornüberhängen recht dramatisch und wird auch entsprechend genannt: Totalkollaps der Wirbelsäule. Zu allem Übel geht diese auch Sitzkyphose genannte Rundung der Wirbelsäule mit einer Stauchung der Nackenwirbelsäule einher.

ÜBERBLICK

- Ein Rundrücken im Kindes- und Jugendalter ist meist nur eine Frage der Haltung. Mit zunehmendem Alter aber wird der Rundrücken chronisch und fixiert sich: Die Beweglichkeit geht verloren.
- Ein Rundrücken im Teenageralter kann ein Hinweis auf Morbus Scheuermann sein. Spätestens bei Schmerzen unbedingt ärztlich abklären!

ÜBERBLICK

- Der Flachrücken wirkt auf den ersten Blick toll, ist aber in Wirklichkeit stocksteif und problematisch.
- Unbeweglichkeit im Brustkorb muss bei Kindern erzieherisch-spielerisch, im Erwachsenenalter therapeutisch angegangen werden.

guten Mix von Beweglichkeit und Stabilität. Der Brustkorb als Hightech-Geflecht aus Knochen und Muskeln ist gleichsam Voraussetzung und Rückversicherung des gesunden Rückgrats!

▼ Flachrücken: Was aufgerichtet aussieht, ist in Wahrheit steif und unbeweglich. Wirken Sie der Erstarrung mit Bewegung und Entspannung entgegen.

Flachrücken:
Wirkt stramm, ist aber steif

Ein flacher Rücken im Bereich der Lenden- oder Brustwirbelsäule wirkt elegant und aufgerichtet. Doch hier hat sich Oma zu früh gefreut: Was gerade aussieht, ist in Tat und Wahrheit steif und unbeweglich. Genau das Gegenteil von dem, was wir uns von der superflexiblen Wirbelsäule erträumen: Der Rücken kann in einem bestimmten Abschnitt kaum eingerollt (Flexion), gestreckt (Extension) und auch sehr schlecht zur Seite gedreht (Rotation) werden. Er ist steif, die Wirbel kleben aneinander, als hätte ihr Besitzer einen Stock verschluckt. Großes Pech für den Rest der Wirbelsäule: Hier muss die Unbeweglichkeit kompensiert werden, die feinen Gelenke der Lendenwirbel und der zarten Nackenwirbel werden unnötig und einseitig beansprucht, die Bandscheiben geraten schon in jungen Jahren unter Druck. Eine schmerzvolle Zukunft ist vorprogrammiert.

Ob alt oder jung: Das Geheimnis eines gesunden, flexibel-starken Rückens liegt im

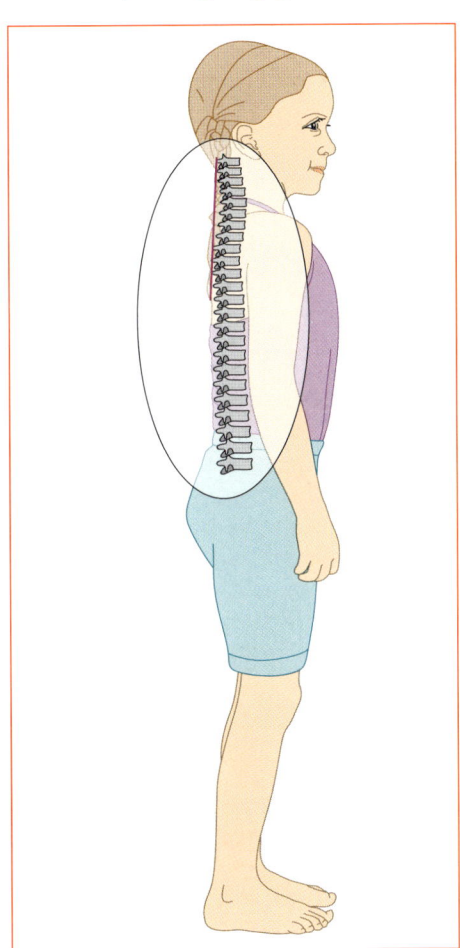

Selbsttest: Katze und Pferd klären auf

Ähnlich wie das Hohlkreuz lässt sich die Wirbelsäule auch in ihrem oberen Bereich „lesen". Die bewegungsfreudige Brustwirbelsäule soll von Kindesbeinen an flexibel gehalten werden, um Kreuz und Nacken auch im Erwachsenenleben aktiv entlasten zu können.

Start

Gehen Sie in den Vierfüßlerstand. Denken Sie nun an einen Tisch, der gleich gedeckt werden soll und nehmen Sie eine möglichst „tischige" Haltung ein. Arme und Oberschenkel stehen in 90 Grad zum Rumpf, dieser ist langgestreckt und flach vom Scheitel bis zum Steiß. So darf der Tisch ruhig Bankettlänge erreichen!

Ziel

Jetzt machen Sie einen möglichst imposanten Katzenbuckel, als hätte Nachbars Bello eben den Garten betreten. Die Magengegend steigt zur Decke empor, Kreuz und Nacken sinken gegen den Boden. Dann lösen Sie den Katzenbuckel auf und senken Sie nun den Bauchnabel gegen den Boden, Kreuz und Hinterkopf steigen zum höchstmöglichen Punkt. Der durchgebeugte Pferderücken lädt den Reiter zum Satteln ein.

Analyse

Gelingt der harmonische C-Bogen nach oben und nach unten? Perfekt! Lassen Sie sich am besten von einer Zweitperson beobachten, die feststellen kann, ob auf der gesamten Rückenlänge gebeugt wird oder ob „blinde Flecken" oder unbewegliche Stellen den harmonischen Bogen verhindern. Übungen siehe Seite 56, 58, 68 und 78.

▲ Katze: Kopf und Becken sinken, der Rücken steigt. Der harmonische C-Bogen belegt die volle Beweglichkeit.

▲ Unharmonische Katze: Lenden- und Brustbereich bleiben gerade, andere Segmente müssen kompensieren.

▼ Pferd: Scheitel und Kreuz steigen, die Mitte des Rückens sinkt ab. Der C-Bogen zeigt optimale Beweglichkeit.

▼ Unharmonisches Pferd: Die Brustwirbelsäule bleibt flach oder sogar im Rundrücken. Das Kreuz bleibt starr.

Schulterverspannung: Immer schön locker bleiben

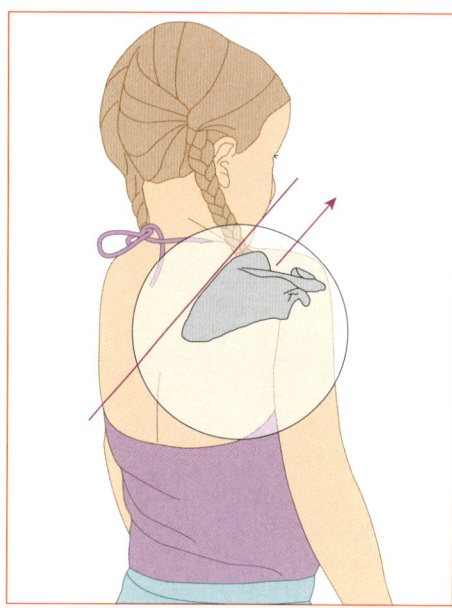

◀ Verspannt: Die nach vorne-oben gezogenen Schultern ziehen das Schulterblatt
mit, die Funktion ist eingeschränkt.

muskeln hinten. Abstehende Schulterblätter, die sich wie Flügelchen vom Rücken
abheben, sind – abgesehen von spielerisch
gewollten Verrenkungstänzchen – Hinweise auf Probleme bei der Schulterplatzie-
rung und einer stabilen Verankerung der
Schultern.

Spätestens in Sporttraining und Instrumentalspiel muss konsequent auf die korrekte Platzierung der Schultern geachtet
werden, um Verspannungen und Fehl-
belastungen entgegenzuwirken. Seitlich
betrachtet soll das Schulterzentrum bei
aufgerichtetem Körper ziemlich genau
unter dem Ohr liegen. Die korrekte Platzierung der Schulter nach hinten in die Breite
ist wie die Aufrichtung der Wirbelsäule
eine anspruchsvolle Aufgabe.

Auf Linie mit dem Ohr

Was dem Menschen nicht alles auf den
Schultern lastet! Kein Wunder, dass sie
oft verspannt sind. Kinder sind meist
noch davor verschont. Doch Anspannung,
Stress und Angst lasten auch schon den
Kleinen auf den Schultern. Ihnen kommt
eine Schlüsselfunktion zu in Bezug auf
Haltungsqualität, Gesamtkörperkoordina-
tion und Handlungsfreiheit. Die Schultern
übertragen Kraft und Bewegung zwischen
Rumpf und Arm.

Das häufigste Problem sind die nach vorne
gezogenen Schultern. Sie verkürzen den
Brustmuskel und überdehnen die Schulter-

ÜBERBLICK

- Die Beweglichkeit der Schultern
macht sie anfällig für Fehlhaltungen, die ihrerseits zu Muskel-
verspannungen des Schultergürtels führen.
- Stehen die Schulterblätter wie
kleine Flügel ab, ist das ein
Hinweis auf Fehlstellungen im
Schulterbereich.

Selbsttest: Die goldene Mitte passt auch hier

Sitzend von der Seite betrachtet und liegend kann die Schulterposition am besten analysiert werden. Für beide Tests brauchen Sie einen beobachtenden Partner.

Ziel sitzend

Setzen Sie sich in Ihrer gewohnten Haltung auf einen Stuhl, ohne hinten anzulehnen. Richten Sie Ihren Blick nach vorne und entspannen Sie sich, ohne die aufrechte Haltung einzubüßen.

Analyse sitzend

Wo stehen im Profil, also seitlich betrachtet, Kopf und Schulter im Vergleich zum Rumpf? Ziehen Sie das Lot zwischen Ohr und Rumpfmitte. Idealerweise verläuft die Linie vom Ohr senkrecht mitten durch das Schultergelenk in die Rumpfmitte. Passt das, oder befinden sich das Ohr und die Schulter vor dem Rumpf? Wenn ja, ist der Kopf bzw. die Schulter zu weit nach vorn verlagert. Verspannungen im Nacken-Schulter-Bereich sind vorprogrammiert.

Ziel liegend

Legen Sie sich entspannt und in ganzer Länge auf den Boden. Legen Sie die Handflächen aufeinander und strecken Sie beide Arme in die Luft, also 90 Grad zum Körper. Versuchen Sie nun, mit gestreckten Armen die Schultern langsam abzusenken.

Analyse liegend

Haben die Schultern mit nach oben gestreckten Armen Bodenkontakt oder fehlen einige Zentimeter? Berühren Sie den Boden nicht, besteht ein Verdacht auf Rundrücken oder auf verkürzte kleine Brustmuskeln. Übungen siehe Seite 54, 88 und 103.

RÜCKENPROBLEME

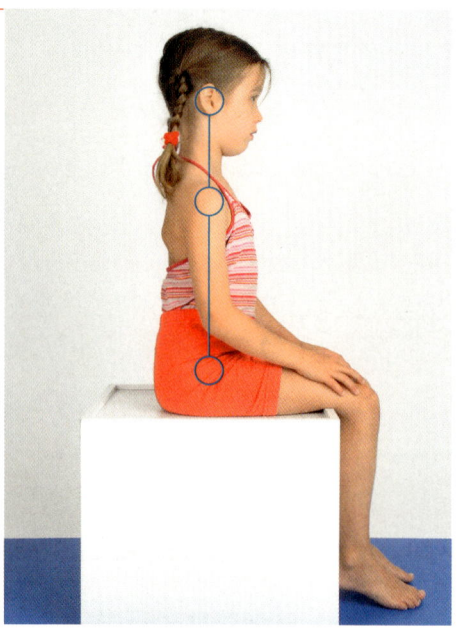

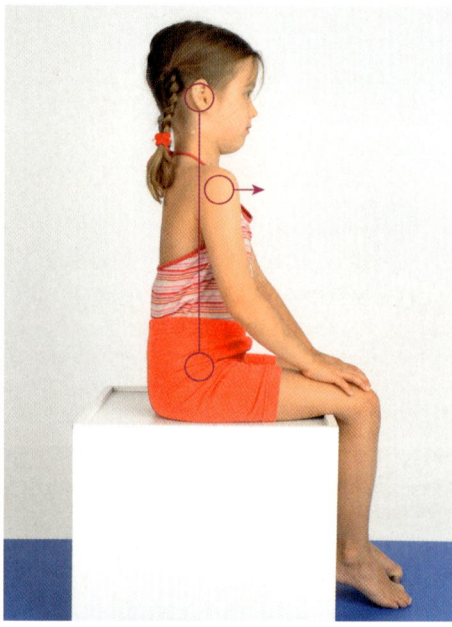

▲ Perfekt: Ohr, Schulter- und Hüftgelenk sind im Lot. Davon profitieren der Rücken und der wache Ausdruck.

▲ Verzogen: Die Schultern sind vorverlagert. Überdehnter Schultergürtel hinten, gestauchte Strukturen vorne.

▼ Vor- und hochgezogen: Verspannungsschmerzen und frühzeitige Abnutzung im Schultergelenk sind programmiert.

▼ Rückzieher: Nach hinten gezogene Schultern stauchen den Rücken und schränken die Bewegungsfreiheit ein.

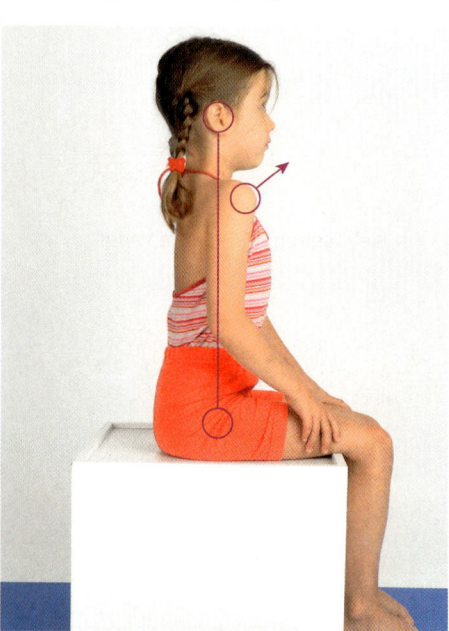

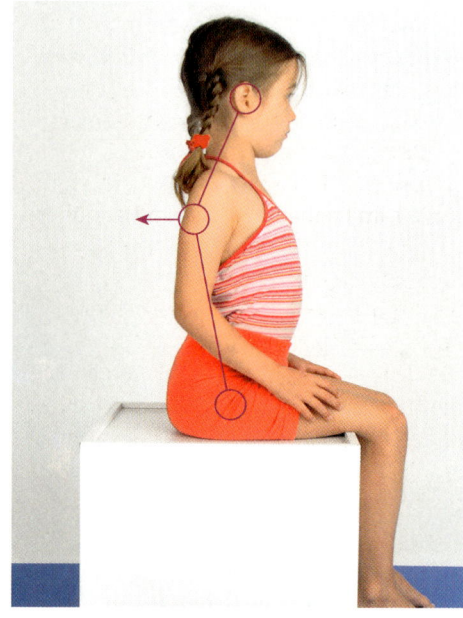

Nackenverspannung: Vielfältige Ursachen

Angeboren, antrainiert oder angeblasen?

Den Nacken haben wir auf Seite 20 bereits als Achillesferse des Körpers bezeichnet. Durch seine Fragilität neigt er zu Verspannungen, die verschiedene Ursachen haben können. Fehlhaltung des Kopfes ist im Erwachsenenalter häufig. Aber auch ein Schiefhals (Torticollis) kann Ursache der Verspannung sein. Meist entsteht eine solch schiefe Kopfhaltung durch Blockierung der Halswirbel, durch Skoliose oder durch Probleme der Augen (z.B. Schielen), des Gleichgewichtsorgans oder durch schwere Zahnfehlstellungen. In seltenen Fällen kann ein Schiefhals angeboren sein. Dann können Operationen notwendig werden, um eine normale Entwicklung zu ermöglichen.

Bei Jugendlichen können wachstumsbedingte akute Blockaden mit intensiven Schmerzen auftreten. Die häufigsten Schmerzzustände – im Volksmund als „Halskehre" oder „Nackenstarre" bekannt – entstehen durch Verkühlung, z.B. wenn Kinder im Freibad mit nassem Haar über längere Zeit im Durchzug stehen. Anderntags sind die Muskeln steinhart und der Schmerz zwischen Ohr und Schulter zwingt den Kopf in Schieflage. Das ist weiter nicht schlimm, kann aber sehr wehtun! Bettruhe und Umschläge helfen. Alle anderen Formen von Asymmetrien im Nackenbereich sollten Sie von einem Arzt abklären lassen.

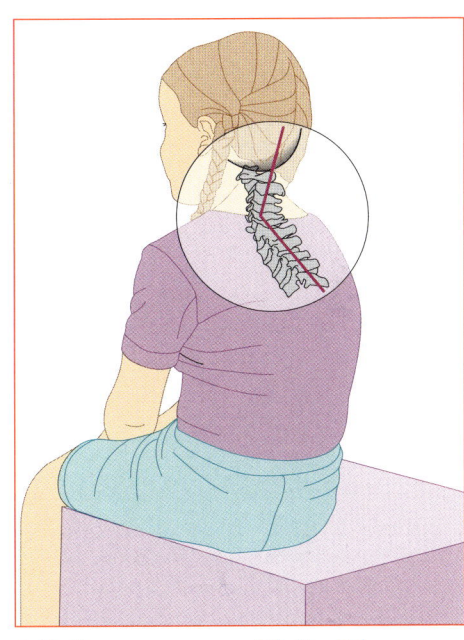

▲ Nackenverspannung: Häufige Folge von Fehlhaltungen.

ÜBERBLICK

- Angeborene Nackenprobleme sind sehr selten. Muskuläre Verletzungen während der Geburt heilen oft spontan.
- Kinder und Jugendliche leiden je nach Veranlagung ab und an unter Nackenstarre, wenn sie sich Durchzug ausgesetzt haben. Das ist schmerzhaft, aber unproblematisch.

Selbsttest: Machen Sie den Wellblechtest

Nackenverspannungen haben ihre Ursache oft in einer zu wenig beweglichen Brustwirbelsäule. Die Nackenwirbelsäule muss kompensieren und zieht den Kopf nach vorn. Der Wellblechtest verrät, wo Ihnen der Kopf steht. Sie benötigen dazu einen unterstützenden Partner und möglicherweise ein gefaltetes Frottiertuch oder ein dünnes Buch zum Unterlegen. Und so wird getestet:

Start

Legen Sie sich auf dem Boden auf den Rücken, die Beine gestreckt oder leicht angewinkelt. Der Kopf ruht auf einer dünnen, weichen Unterlage.

Ziel

Entspannen Sie sich bestmöglich. Atmen Sie ruhig und bewusst, die Wirbelsäule liegt möglichst flach auf dem Boden auf. Spüren Sie die gesamte Länge des Rückens vom Hinterhaupt bis zum Steiß.

Analyse

Ist in dieser Position das Gesicht der liegenden Person parallel zum Boden? Oder kippt der Kopf nach hinten und das Kinn nach oben? Legen Sie in diesem Fall ein gefaltetes Handtuch oder ein dünnes Buch unter das Hinterhaupt. Verläuft die Gesichtsebene nun parallel zum Boden? Wenn nein, legen Sie noch ein gefaltetes Tuch unter den Kopf, bis die Gesichtsfläche parallel liegt. Die Höhe der Unterlage sagt Ihnen, wie sehr der Kopf aufgrund von Nackenverspannung und Rundrücken vorverlagert ist. Übungen siehe Seite 56, 62 und 88.

◄ Entspannt und bequem: Der Nacken ist lang, auch mit flachem Kissen ist die Liegeposition bequem.

◄ Druck: Der Nacken bleibt nur lang, wenn das Kinn gegen die Brust gezogen wird. Entspannung fehlt.

◄ Starr: Mangelnde Beweglichkeit zieht den Kopf in den Nacken. Das Kinn liegt höher als die Stirn.

◄ Unterstützung: Bei verspanntem Nacken braucht der Kopf Unterstützung, um aus der Kompression zu kommen.

41

Spiraldynamik:
Anatomisch richtig bewegen

Aufrecht durchs Leben zu gehen, hat auch einen tieferen Sinn: Ein gesundes Selbstbewusstsein verfeinert die Wahrnehmung für sich und andere. So hat Bewegungserziehung immer auch eine soziale Komponente.

Die Grundprinzipien im Überblick

Das ABC intelligenter Bewegung lässt sich in spiraldynamischen Grundprinzipien darstellen und erlernen: Hier die fünf Grundregeln intelligenter Bewegung als „Gebrauchsanweisung" für einen starken, beweglichen Kinderrücken. Der Rücken im Zentrum des menschlichen Körpers ist bei fast allen Bewegungen von Kopf bis Fuß involviert. Das birgt ein gewaltiges Gesundheitspotenzial.
Die Aufrichtung des Menschen über den Homo erectus zum Homo sapiens dauerte Millionen von Jahren. Aber wer behauptet, dass dieser Prozess abgeschlossen ist? Wie jede andere Entwicklung geht sie – sehr wahrscheinlich – weiter. An Leistungs- und Spitzensportlern können wir erkennen, dass es ein Ausruhen auf Lorbeeren nicht gibt – auch nicht in Sachen Aufrichtung. Wer oben bleiben will, muss daran arbeiten. Oder etwas salopp gesagt: Keinem Piloten käme

es in den Sinn, die Triebwerke abzuschalten, nur weil das Flugzeug die Reisehöhe erreicht hat! Wer aufrecht durchs Leben will, hat eine lebenslange, spannende und konstruktive Aufgabe entdeckt.
In der Natur wimmelt es von Spiralen: Galaxien, stürmische Tiefdruckgebiete,

▶ Wer die Gebrauchsanweisung für den Körper kennt, kann seine Gesundheit in die eigenen Hände nehmen. Die wichtigsten Fakten, um clever üben und spielen zu können.

Wasserstrudel, Muscheln, Geweihe, Schneckenhäuser bis hin zur unsichtbar kleinen DNA-Doppelspirale, der Trägerin unseres Erbgutes. Sie alle zeugen von den unübertroffenen Vorzügen der Spiralform im bioarchitektonischen Bauplan der Natur. Auch der menschliche Körper ist in Spiralsystemen aufgebaut. Wer diese kennt und berücksichtigt, lebt Bewegungsintelligenz. Neben diesen klar definierten Rotationsrichtungen im Körper lesen Sie in diesem Buch immer wieder von Längsspannung: Sie schafft Freiräume, damit sich die spiralige Dynamik entfalten kann. Das Schöne daran: Bewegungsintelligenz ist lernbar!

Aufrichten: Längsspannung entlastet Wirbel und Bandscheiben

Beginnen wir mit der Aufrichtung am Morgen: Der Mensch präsentiert sich – spätestens nach dem ersten belebenden Kaffee oder Tee – in voller Größe, und zwar messbar größer als noch am Abend zuvor. Der Grund: Die Bandscheiben nehmen tagsüber ihre federnde Funktion stundenlang wahr und werden dadurch etwas zusammengedrückt. Nachts fällt die Belastung weg und sie quellen wieder auf. Im Prinzip geht es den Bandscheiben also ähnlich wie der Matratze: Auch diese wird – allerdings nachts – belastet und zusammengedrückt. Tagsüber regeneriert sich eine Qualitätsmatratze und baut sich von selbst wieder auf.
Bei Kindern funktioniert dieser Regenerationsprozess automatisch, bei Erwachsenen (und älteren Matratzen) meist weniger gut. Mit Know-how und Eigenverantwortung erhalten Sie Ihre Bandscheiben dynamisch und regenerationsfähig.

Längsspannung erstellen

Sie erreichen Ihre maximale Länge und sorgen für optimale Platzverhältnisse zwischen den einzelnen Wirbeln, indem Sie Nord- und Südpol Ihrer Wirbelsäule in die Länge ausrichten: Den Kopfpol mit einer leichten Roll- und Gleitbewegung nach hinten, die Nasenspitze sinkt dabei etwas nach unten, Scheitel und Hinterhaupt gleiten nach oben, der Nacken öffnet sich zu voller Länge. Das Becken dreht in die entgegengesetzte Richtung: Das Kreuz sinkt nach unten, das Schambein rollt leicht gegen den Bauchnabel. Zwischen den beiden Polen Kopf und Becken hat das Rückgrat nun optimale Platzverhältnisse erhalten. Autoelongation der Wirbelsäule nennt sich diese tugend- und wirkungsvolle Bewegung.

Beugen, recken und strecken: Zusammen geht's besser

24 Wirbel sind für die volle Flexibilität und Stabilität der Wirbelsäule verantwortlich. Dieses stattliche Team kann sein kraftvolles Spiel aber nur entfalten, wenn alle mitmachen. Beeinflussen Sie als Trainer dieser Mannschaft aktiv den Teamgeist Ihrer Wirbel-

---

TIPP

Größe zeigen

- Präsentieren Sie sich mit dieser Längsspannung aktiv in Ihrer wahren Größe. Das funktioniert jederzeit, auch abends, unter Stress oder beim eleganten Auftritt am Abend. Eine lohnende Investition in den gesunden Kinderrücken.

▲ Spielend Kräfte messen und dabei den
  Rücken stärken.

säule. Wie in jeder Mannschaft haben Ihre
Wirbel unterschiedliche Talente und unterschiedlichen Ehrgeiz: In der unteren Wirbelsäule sind der vierte und fünfte Lendenwirbel
oft etwas überlastet. Auch beim Übergang
zwischen Brust- und Halswirbelsäule besteht
oft Dauerstress, während andere Wirbel ihr
Potenzial nicht recht ausschöpfen wollen
oder können. An diesen kritischen Übergän-
gen wird oft zu viel bewegt, vor allem bei Vor-,
Rück- und Drehbewegungen. Ein heikler bis
gefährlicher Doppelknick entsteht. Achten Sie
bei dieser Übung als aufmerksamer „Mann-
schaftstrainer" auf einen harmonischen Wir-

belsäulenverlauf vom Scheitel bis zum Steiß.
Jedes Wirbelgelenk soll zu gleichen Teilen
mitmachen, jede Bandscheibe darf belastet,
aber nicht überlastet werden.

Vor- und Rückbeuge

Seitlich betrachtet wird im Stehen ein harmonischer S-Bogen sichtbar, ohne Knick und
ohne flache, eingedellte oder unbewegliche
Stellen. In der Rückbeuge genauso: Kein
Knick (überbewegliche Segmente) und keine
flachen Stellen (unbewegliche Segmente).
Sollten Sie unter- oder überbewegliche
Abschnitte feststellen, so ist Bewegungsschulung und/oder Physiotherapie mit Schwer-
punkt Beweglichkeit der Brustwirbelsäule und
des Brustkorbes angesagt.

Rotation: Entdecken Sie diesen verschollenen Schatz

Es kann nicht genügend oft gesagt werden: Die Streck- und Rotationsfähigkeit der Brustwirbelsäule und die Stabilität der Lendenwirbelsäule sind Voraussetzung für einen gesunden Rücken. Sie finden unzählige Ratgeber zum Thema. Die meisten ignorieren fatalerweise die Rotation. Und das stempelt den Rücken direkt zum immobilen Patienten. Machen Sie sich bewusst, dass so gut wie jede Bewegung in der Natur ihren Anfang in einer Rotation hat. Dabei unterscheiden wir zwischen unipolaren Rotationen und bipolaren Rotationen. Klingt kompliziert, leuchtet aber gleich ein, wenn Sie es versuchen. Jetzt gleich: Geht ganz einfach und ist sehr spannend!

Unipolare Rotation der Wirbelsäule

Setzen Sie sich auf einen Stuhl und richten Sie sich auf. Stellen Sie sich Ihr Gesäß als verankert, gut „eingepflanzt" auf der Sitzfläche vor. Nun erstellen Sie mit Längsspannung Ihre wahre Größe – Sie erinnern sich, die Nasenspitze senkt sich leicht und der Nacken öffnet sich zum Schwanenhals. Jetzt wenden Sie Kopf und Brustkorb zur Seite, als hätte dort etwas Ihre Aufmerksamkeit erregt. Das ist eine unipolare Rotation. Der Kopf als Nordpol dreht mit der oberen Wirbelsäule, nicht aber das Becken als Südpol.

Bipolare Rotation der Wirbelsäule

Bei der Fortbewegungen kommt die Gegenrotation des Beckens dazu. Fantastisch zu erkennen beim Athleten im Schnelllauf. Der einfacheren Wahrnehmung wegen machen Sie das in Zeitlupe und liegend. Legen Sie sich auf einen Teppich oder eine Matte auf

Ihre linke Körperseite und strecken Sie das rechte, obere Bein vollständig und leicht nach hinten aus. Das entspricht beim Läufer dem Standbein in maximaler Länge und Kraftübertragung beim Abstoßen. Das Becken folgt mit seiner rechten Hälfte der Bewegung des ausgestreckten Beins nach hinten-unten, den Zehenspitzen folgend für noch mehr dynamische Kraft. Gleichzeitig drehen Sie den Oberkörper – nicht nur die Schulter – in die Gegenrichtung, nach vorne, gegen den Boden, ohne die Länge zu verlieren. Mit dieser bipolaren Rotation öffnet sich Ihre rechte Körperhälfte wie eine Ziehharmonika zu ungeahnter Länge, während sich die linke Körperhälfte eher verkürzt.

8-er Bewegung: Ab nun läuft's spiraldynamisch rund!

Nachdem Sie den Zeitlupen-Sprint in Liegeposition erlebt haben, geht es zur Königsdisziplin. Führen Sie sich wieder den Athleten vor Augen. 100 Meter Sprint im Endspurt von vorne gesehen – wie bei Olympia, wieder in Zeitlupe. Die bipolare Rotation von Ober- und Unterkörper wechselt mit jedem Schritt und ergibt zusammengeführt eine harmonische

---

TIPP

Leben Sie spiralig!

- Gehen Sie in diese Rotations-Längsspannung hinein, genießen Sie die spiralige Dehnung. Lassen Sie dieses Gefühl auch der anderen Körperseite zuteil werden. Also einmal nach links und einmal nach rechts.

Form einer liegenden Acht im Becken und gegengleich im Oberkörper: Die Beckenhälfte des Spielbeins steigt nach vorne etwas hoch und sinkt in der Standbeinphase maximal nach hinten-unten ab.
Die zweite Beckenhälfte macht dasselbe gegengleich: Ist die eine Beckenhälfte vorne-oben, sinkt die andere nach hinten-unten.

▲ **Wann haben Sie den letzten Purzelbaum gemacht? Purzeln Sie mit Ihren Kindern – mit oder ohne Anlauf!**

Gleichzeitig findet diese Achterbewegung gegengleich im Oberkörper statt. Je präziser dieses Gegeneinanderschrauben funktioniert, umso dynamischer und kraftvoller wird die

Bewegung. So läuft es rund und wie geschmiert – das ist Spiraldynamik!

Achterbewegung

Diesen Bewegungsablauf gibt es in großer und kleiner Form im ganzen Körper zu entdecken. Auch hier gilt: Zweidimensionale Klappbewegungen gehören ins Reich der hölzernen Marionetten. Gelenkschonendes Training und effiziente Therapie richten sich immer nach diesen dreidimensionalen Prinzipien. Wenn nicht, so fehlt es an Effizienz und Sinn. Die Ursprünge gesunder Bewegung finden sich in ihrer archaischen Entwicklung, in Greif- und Schreitreflexen, wie wir sie am Anfang des Buches bei der Säuglingsentwicklung erläutert haben. Etwas ergreifen und zum Mund führen bedarf einer komplexen Abfolge dreidimensionaler Rotationsbewegungen. Das Baby kennt sie nicht, macht es aber spontan richtig, denn Bewegungsintelligenz ist angeboren und einprogrammiert. Ihre Wiederentdeckung und Perfektionierung garantieren bei der kindlichen Entwicklung ebenso wie im Erwachsenenleben Bewegungsfreiheit bei möglichst wenig Abnutzung – bis ins Alter.

Sitzen: Allzu starr ist ungesund

„Sitzen ist Gift für den Rücken", so lautet die allgemeine Faustregel, die wir nur bedingt teilen wollen: Ja, wenn Sitzen eine passive Sache ist. Der auf Seite 32 beschriebene Totalkollaps der Wirbelsäule und die Iliopsoas-Verkürzungen sind nicht nur für den Rücken fatal. Sie haben es in der Hand, aktiv zu sitzen. Doch aufgepasst: Mit dem Kauf einer ergonomisch tollen und teuren Sitzgelegenheit ist es nicht getan, denn ein Stuhl ist immer nur so gut, wie man darauf sitzt. Es lässt sich auf dem besten Stuhl krumm hängen, da nützt alle Ergonomie nichts. Seien Sie selbst ergodynamisch! Das funktioniert auch auf einem Baumstamm, am Boden oder auf einem Schemel. Dafür brauchen Sie nur ein paar Spielregeln des gesunden, aktiven und dynamischen Sitzens zu beachten:

- Wechseln Sie die Position, mal mit gestreckten Beinen, mal vorne auf der Sitzfläche, mal hinten angelehnt, mal eher auf der linken oder rechten Gesäßhälfte – und zwischendurch immer wieder aufgerichtet mit Längsspannung.
- Benutzen Sie große Sitzbälle oder kleine, wenig aufgeblasene Bälle, die Sie auf die Sitzfläche legen: Bälle bringen Ihren Körper in die erwünschte Aktivität.
- Schlagen Sie die Beine nicht oder nur kurze Zeit übereinander und wenn schon, dann auch da abwechselnd, mal das rechte über das linke und mal umgekehrt.
- Richten Sie Ihren Arbeitsplatz so ein, dass Sie viele Gründe haben, um aufzustehen. Einige Schritte zur Wasserkaraffe, dem Drucker, dem Telefon usw.
- Positionieren Sie Schreibutensilien und Telefon nicht in unmittelbarer Griffnähe, sondern so, dass Sie sich strecken oder, noch besser, recken, strecken und etwas drehen müssen: Für Rechtshänder steht das Telefon ganz links auf dem Pult, für Linkshänder ganz rechts – das gibt jedes Mal, wenn's klingelt, eine hochwillkommene Rotation in der Brustwirbelsäule. Ja genau, eine unipolare, vor allem wenn Sie schön stabil auf Ihrem Stuhl sitzen!
- Benutzen Sie beim Gang zur Toilette diejenige im oberen Geschoss oder die übernächste – natürlich immer vorausgesetzt, dass die Not dies erlaubt!

47

Richtig üben

Im folgenden Übungsteil zeigen wir Ihnen, wie Sie und Ihre Kinder dafür sorgen können, dass die Wirbelsäule sich bewegt und stützt, wie sie es liebt! Clevere Ideen sorgen für Spaß, denn: Gesundheitserziehung wider den Bierernst ist angesagt.

▲ Bäcker und Teig erleben die Rückentopographie, ertasten Wirbelsäule, Schulterblätter, weiche und festere Muskelzüge. Eine liebevolle und verantwortungsvolle Erkundungsreise.

Pizzabäcker: Ran an den Teig!

Ziel

Dieser pikante Einstieg in die Rückenschule macht Appetit auf mehr Wissen! Die liebevolle Wahrnehmungsübung macht Spaß und kann fast überall gespielt werden.

Start

Das Kind macht es sich in Bauchlage gemütlich, am besten mit geschlossenen Augen, um die Wahrnehmung gänzlich auf den Rücken zu konzentrieren. Es spielt die Rolle des „Teigs". Die zweite Person ist der Pizzabäcker, am besten geht das in kniender oder sitzender Position neben dem Teig.

Aktion

Der Teig wird vorerst geknetet und danach ausgewallt. Der „Rückenteig" hat beeindruckende Ausmaße: Vom Nacken bis zu den Armen und abwärts bis zur Hose, wo der Rücken irgendwo in den Po mündet. Nach oben ist der Hals die Abgrenzung und seitlich die Linie von den Achseln bis zur Hüfte. Die Schultern gehören auch dazu. Alles klar? Dann geht's ans Belegen der Pizza: Mozzarellascheiben werden entlang der Wirbelsäule sachte in den Teig gedrückt, die Fingerspitzen berieseln den gesamten Teig mit fein gehacktem Oregano und mit den Handflächen werden überall Tomatenscheiben platziert. Der Teig darf wünschen, was alles auf die Pizza gehört.

▲ Das Belegen der Pizza kann mit Gegenständen variiert werden. Bei den beiden Stachelbällen dürfte es sich um Tomaten und Ananas handeln – man beachte die wohlige Reaktion des „Teigs"!

Achtung

Beim Auswallen und Belegen des Teiges soll der Hände- und Fingerdruck des Bäckers im Wohlfühlbereich liegen. Zu zögerlich fühlt sich nicht wohlig an oder kitzelt eher. Zu starker Druck kann unangenehm sein. Grundsätzlich liebt der Rücken beherzte Knetereien!

Variation

Die Spielerei kann phantasievoll weitergehen: Die belegte Pizza wird in den Ofen geschoben, z. B. unter einen Tisch, oder sie möchte doch anders belegt werden – was immer die kindliche Phantasie ausheckt. Mahlzeit!

▲ Ab die Post: Wählen Sie ein Tuch, das Sie am unteren Ende gut zusammendrehen können und auf dem das Kind mit dem Unterkörper gut aufliegen kann. Frottiertücher rutschen weniger schnell ab und eignen sich besser als glatte Tücher.

Schneckenpost: Wachstum im Eilzugtempo!

Ziel

Wahrnehmung der gesamten beeindruckenden Länge der Wirbelsäule, Erleben der wohltuenden Wirkung der Längsspannung, vor allem im Bereich der unteren Lendenwirbelsäule.

Start

Das Kind legt sich in Rückenlage auf den Boden, mit dem Becken auf ein Frottiertuch. Die Beine sind angewinkelt, die Füße stehen ungefähr hüftbreit auseinander, je nach Größe 20 bis 30 cm. Die andere Person setzt sich zu Füßen des Kindes auf den Boden und rafft das Tuch am unteren Ende zu einem Tau zusammen.

Aktion

Das liegende Kind tut gar nichts. Entspannt wartet es auf die Schneckenpost, die gleich losgehen wird. Die sitzende Person beginnt nun am Tuch zu ziehen, baut sanft-dynamischen Zug auf: Zentimeter um Zentimeter wird das Tuch samt Kinderrücken in die Länge gezogen. Die Lendenwirbelsäule streckt sich. Der „Tunnel", den möglicherweise bestehendes Hohlkreuz bildet, schließt sich mit wachsendem Zug gegen den Boden. Eine Wohltat, nicht nur für Kinderrücken!

▲ Beim „In-die-Länge Wachsen" schließt sich der Tunnel zwischen unterem Rücken und Boden, das Hohlkreuz löst sich weitgehend auf.

Achtung

Der Zug soll langsam aufgebaut werden. So kann das Kind die Verlängerung der Lendenwirbelsäule bewusst wahrnehmen. Die Verlängerung des gesamten Körpers ist beeindruckend und fühlt sich wunderbar an!

Variation

Ziehen Sie – so es die Beschaffenheit des Bodens erlaubt – Ihr Kind ruhig durch die gute Stube! Wenn das Tuch unter dem Gesäß hervorrutscht, nach Lust und Laune wieder neu positionieren. Wenden Sie diese sanfte Dehnung auch bei erwachsenen Personen an mit einem entsprechend größeren Frottiertuch. Insbesondere Schwangeren bringt diese Übung eine wunderbar wohltuende Entspannung in der oft überlasteten Lendenwirbelsäule.

▲ Aufbügeln: Das Kind im Vierfüßlerstand ist das Bügelbrett, meist hängt es ein bisschen durch, was ein lausiges Bügelergebnis nach sich zieht. Da müssen Sie handeln.

Bügeleisen: Entknittert und makellos

Ziel

Wahrnehmung des Rückens und der in die
Breite entspannten Schultern im Vierfüßlerstand. Erleben und Erstellen der Längsspannung vom Scheitel bis zum Steiß.

Start

Vierfüßlerstand wie abgebildet, allenfalls
bei hartem Boden mit unterlegter Gym-
nastikmatte, Wolldecke oder Ähnlichem.

Aktion

Das Kind versucht, den Körper so flach
wie einen Tisch zu machen. Die Bügel-
person beginnt nun, mit einem Spielzeug-
bügeleisen die Rückenfläche zusätzlich zu
glätten: Vorerst werden Steiß und Nacken
mit leichtem Zug etwas horizontal voneinander weg in die Länge gezogen. Diese
Längsspannung soll aufrechterhalten bleiben. Nun die Schultern breitbügeln und
die gesamte Fläche zu voller Größe ausbügeln. Der Tisch kann nun gedeckt werden –
Kunststoffgeschirr bevorzugt – man weiß
nie, was so einem Tischchen alles in den
Sinn kommt!

▲ Mit der einen Hand kann der Steiß durch Zug an Shirt oder Hose etwas in die Länge gezogen werden, mit der anderen Hand der Scheitel. Der sanfte Druck des Bügeleisens vermittelt Muskelspannung und Stabilität nach oben.

Achtung

Die Längsspannung bezeichnet die maximale Aufrichtung der Wirbelsäule aus der natürlichen S-Form heraus: Im Alltag entlastet sie alle Wirbel und Bandscheiben. Hier wird sie in der Horizontalen geübt. Wichtig ist, dass sie nicht übertrieben wird. Zu viel Streckung bedeutet Verspannung, mangelnde Flexibilität und unnatürliche „Hab-Acht-Haltung".

Variation

Anstelle des Spielzeugbügeleisens kann die flache Hand eingesetzt werden oder ein anderer Gegenstand wie ein passender Holzbauklotz oder was immer sich im Kinderzimmer findet. Keinesfalls ein richtiges Bügeleisen: Es ist zu schwer, zu groß und könnte Kinder auf gefährliche Bügelgedanken kommen lassen. Bewahren Sie Ihr Bügeleisen kindersicher auf.

▲ Brückenbauer: Ausgangsstellung mit einfühlsamer Sicherung.

Brückenbauer: Die Welt steht kopf!

Ziel
Wahrnehmung der Beweglichkeit und Biegsamkeit der Wirbelsäule. Wahrnehmung der imposanten Länge der Körpervorderseite. Eine spielerische lustige Übung, die mit der Zeit auch ohne Hilfsperson klappt: Das ist dann Selbstvertrauen und Selbstkompetenz in Reinkultur!

Start
Die Hilfsperson hält einen Pezziball stabil von einer Seite her, das Kind kauert sich mit dem Rücken zum Ball auf die andere Seite und lehnt sich gegen den Ball.

Aktion
Das Kind legt den Kopf auf den Ball und beginnt sich langsam, mit den Beinen abstoßend, rückwärts über den Ball zu schmiegen. Dabei beginnt der Ball zu rollen. Die Person auf der anderen Seite gibt nun so viel Gegendruck, dass die Rollbewegung langsam und sicher ist und trotzdem nicht zum Stillstand kommt. Das Kind rollt sich langsam über den Ball, bis es mit seiner gesamten Länge wie eine Brücke über dem Ball liegt. Die Hilfsperson sichert die langsame Bewegung, indem sie einerseits genügend Gegendruck gibt, um die Bewegung langsam und sicher zu halten, andererseits eine fließende Bewegung gewährleistet.

▲ Zielstellung kopfüber: Die Biegung der Wirbelsäule nach hinten und das Dehnungsgefühl in der Körpervorderseite geben ein herrliches Gefühl von Beweglichkeit und Leichtigkeit!

Achtung

Fangen Sie ganz behutsam an. Wichtig ist die harmonische Sicherung des Balls durch die Hilfsperson. Das ausführende Kind muss sich unbedingt auf die zuverlässige Tragkraft des Balls verlassen und sein individuelles Tempo bestimmen können. Der Körper soll sich in der Zielstellung ganz dem Ball anschmiegen können. Ebenso sachte wieder in die Startposition auflösen.

Variation

Wer keinen Gymnastik- oder Pezziball zur Verfügung hat, kann sich mit aufgetürmten Kissen helfen oder eine Drittperson bitten, sich zu einem „Päckchen" zusammen zu kauern und so den Ball zu imitieren. Das Kind muss beim Darübergleiten durch leichtes Anheben unterstützt werden, da die Rollbewegung fehlt.

▲ Tierisch: Die Wirbelsäule wird in größtmöglicher Flexion zum harmonischen C-Bogen nach oben aufgespannt und präsentiert die volle Beweglichkeit ganz katzenmäßig.

Katze und Pferd: Tierisch üben

Ziel
Fördern der Beweglichkeit der Wirbelsäule in ihrer ganzen Länge. Wahrnehmung von größtmöglicher Flexion (Beugung nach oben mit Katzenbuckel) und Extension (Beugung nach unten mit Pferderücken)

Start
Das Kind steht im Vierfüßlerstand auf dem Boden. Bequem soll es sein, bei harten Böden also Tuch, Matte oder Wolldecke unterlegen. Das Kind begibt sich in die Rolle einer Katze. In der Phantasie schleicht nun Bello um die Ecke und knurrt die Katze an.

Aktion
Sobald die Katze Bello sieht oder hört, macht sie mit vernehmlichem Miau einen Buckel, und was für einen! Ganz groß wird sie, wenn der Rücken nach oben strebt. Bello zieht Leine. Jetzt spielt das Kind ein Pferd. Der Rücken sinkt in der Mitte nach unten, Kopf und Kuppe (Po) bleiben hoch. Nun kann gesattelt werden: Das Pferd freut sich wiehernd auf den Ausritt. Dann ist wieder Katze angesagt, danach Pferd. So schaukelt der Rücken langsam auf und ab.

▲ Beim Pferd sinkt der Bauchnabel ab: Auch die Extension gelingt in harmonischem Bogen nach unten.

Achtung

Der Katzenbuckel kann gefahrlos angehoben oder übertrieben werden. Beim Pferderücken ist Vorsicht geboten: Wir wollen ja weder ein Hohlkreuz antrainieren noch durchhängen. Zudem setzen sich anwesende Kinder gerne auf den Rücken des Kindes, welches das Pferd imitiert. Das geht bei gleichaltrigen Kindern meist gefahrlos, ist aber nur lustig, nicht gesund. Es ist durchaus berechtigt, älteren Kindern rundweg zu verbieten, jüngere Kinder als „Tragetiere" zu missbrauchen. Umgekehrt ist es okay, wenn Größen- und Gewichtsverhältnisse stimmig sind, am besten mit bügelbrett-geradem Rücken (Seite 55).

Variation

Sind Katzenbuckel und Pferderücken bekannt und schmerz- und problemlos zu erstellen, kann virtuos und in schnelleren Abfolgen gespielt werden: Eine Person beginnt zu miauen, alle anwesenden Buckel steigen auf. Zungenschnalzen (wie Pferdegetrappel) oder Gewieher lassen die Rücken in den Pferdestand absinken. Das Hin und Her fördert Beweglichkeit und Bewegungskontrolle.

▲ Sonnenbahn: Ausgangsposition mit angewinkelten Beinen. Der Kopf kann auf oder neben dem unteren Arm liegen. Gut gestreckte Arme garantieren eine große Rotationsmöglichkeit und bewusste, präzise Körperführung.

Sonne: In hohem Bogen

Ziel

Förderung der Drehbeweglichkeit in der Brustwirbelsäule. Wahrnehmung der drehfreudigen Wirbelsäule: Die liebt das! Sensibilisierung für neue Bewegungswahrnehmung und Bewegungsmöglichkeiten.

Start

Das Kind legt sich in Seitlage auf den Boden und winkelt die Beine an. Der untere Arm ist in die Verlängerung des Körpers gestreckt, der Kopf kann auf dem gestreckten Arm liegen oder etwas daneben, was bequemer geht. Der obere Arm wird nach vorne ausgestreckt. Die Hand dieses Armes ist die Sonne.

Aktion

Die Beine bleiben angewinkelt auf dem Boden ruhen. Nun geht die Sonne auf: Der obere Arm lässt die Handsonne in hohem Bogen aufsteigen. Sie zieht gegen die Decke – zuoberst ist Mittag, die ausgestreckten Finger der Hand symbolisieren die warmen Sonnenstrahlen. Danach geht's in den Nachmittag, die Sonne senkt sich auf ihrer Bahn langsam auf die andere Seite, während die Beine immer in der Ausgangsstellung bleiben. Gegen Abend sinkt die Sonne am weit ausgestreckten Arm gegen den Boden, bis der obere Rücken und die Schultern waagerecht am Boden liegen. Hüfte und Becken sind 90 Grad gegengedreht, immer noch in der Aus-

▲ Die angewinkelten Beine halten die Lendenwirbelsäule stabil – der Sonnenarm hat von früh bis spät eine große Distanz überwunden und dreht den Oberkörper dank flexibler Brustwirbelsäule in die Horizontale.

gangsposition. Vom Sonnenaufgang bis zum Sonnenuntergang hat der Sonnenarm einen 180-Grad-Weg zurückgelegt. Die Brustwirbelsäule liegt in einer vollen 90-Grad-Drehung!

tät, nicht Rotation: Es macht funktionell wenig Sinn, den Oberkörper in Rückenlage zu positionieren und mit den angewinkelten Beinen und den „Sonnenknien" die Drehbewegung von unten zu führen.

Achtung

Die Übung soll immer in beide Richtungen ausgeführt werden, um ein einseitiges Training zu vermeiden. Positionswechsel ist Pflicht! Wichtig ist, dass die Drehbewegung in der Brustwirbelsäule stattfindet: Die Lendenwirbelsäule mag das nicht und ist nicht dazu geschaffen. Sie gibt Stabili-

Variation

Vielleicht hat ihr Kind eine eingebaute Zeit-Rücklauf-Taste: Lassen Sie mit einem sanften Druck auf die Nasenspitze des Kindes den Film rückwärts laufen. Die Sonne steigt auf, es wird wieder Nachmittag, hoher Mittag und dann Morgen. Unglaublich, was Kinder alles können!

▲ Startposition: Das Paddel wird locker hinter dem Rücken festgehalten. Der Brustkorb dreht nach rechts-hinten-oben, das Paddel steigt rechts an und taucht links ins imaginäre Wasser.

Paddler: So kommen die Kleinen ins Rudern

Ziel

Dreidimensionale Mobilisation der Brustwirbelsäule. Bewusstes Üben dieses komplexen Bewegungsablaufs für den unbewussten Einsatz im Alltag beim Gehen, Stehen, Laufen und bei zahlreichen Drehbewegungen. Eine gute Übung für die Aufrichtung von Rundrücken und mehr Beweglichkeit für starre Flachrücken!

Start

Sitzend, am besten auf einem lehnenlosen Stuhl oder Hocker oder im Fersensitz. Ein Stab, Stock oder Besenstiel dient als Führungshilfe für die präzise Bewegung: Der Stab wird als Paddel in den Ellenbogenbeugen hinter dem Rücken stabilisiert. Nicht anklemmen, die Arme bleiben locker, auch beim Paddeln.

Aktion

Das Kind denkt sich in ein Kajak auf dem See – auf los geht's los: Vorwärts paddeln und wechselseitig links und rechts mit dem Paddel eintauchen. Der stolze Paddler hält den Kopf aufgerichtet, paddelt mit Längsspannung und dem Blick geradeaus. Der Kopf folgt der Achterbewegung des Brustkorbs mit einer leichten Schaukelbewegung. Locker geht's über die Ziellinie. Nach kurzer Pause wird im Rückwärtsgang wieder nach Hause gepaddelt.

▲ Das Paddel steigt links hinten aus dem Wasser, kommt nach vorne-oben hoch und senkt sich vorne ins Wasser. Der Kopf nimmt die Bewegung rhythmisch mit, ohne dass der Blick das Ziel aus den Augen verliert – wir wollen ja auf Kurs bleiben!

Achtung

Entscheidend bei dieser Übung ist, dass nicht die Schultern paddeln, sondern tatsächlich der gesamte Brustkorb mit der flexibel rotierenden Brustwirbelsäule. Der Oberkörper sollte sich nicht zur Seite neigen, sondern aufrecht bleiben und vor allem um die Längsachse drehen.

Variation

1. Kinder mit Rundrücken paddeln bevorzugt rückwärts: Darauf achten, dass in die Aufrichtung geübt wird. Beim Vorwärtsrudern besteht die unerwünschte Tendenz, den ohnehin schon runden Rücken zusätzlich nach vorn zu beugen – wie es ja bei echten Ruderern typisch ist. Das Ruder wird also hinten und tendenziell oben eingetaucht.

2. Kinder mit Flachrücken paddeln nach vorne und tauchen das Ruder weit vorn und tief ins Wasser.

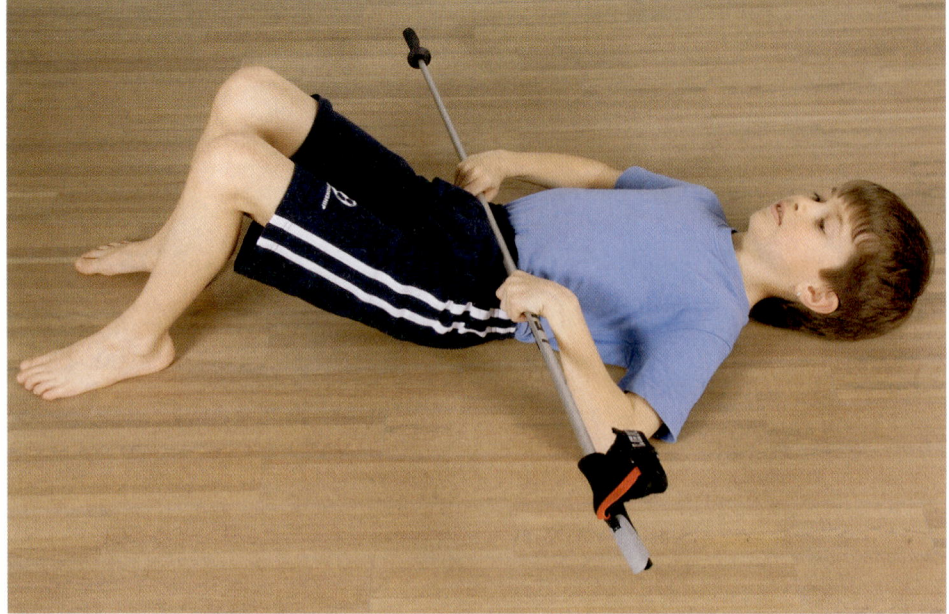

▲ Losradeln: Die Stange in der Hand symbolisiert das Pedal am Fuß: Im Rückwärtsgang wird das rechte „Pedal" zuerst nach hinten-unten geführt, auf dieser Seite wird der Rücken lang.

Radler: Fahrrad mit Rückwärtsgang

Ziel

Ganz ähnlich wie der Paddler kommt der Radler daher. Aber diesmal gilt die drei-dimensionale Mobilisation dem Becken: Das gewährt Bewegungsfreiheit beim Ge-hen und Laufen. Zudem werden die Hüft-beugemuskeln gedehnt und tonisiert. Zu-sammen in den Alltag integriert entlastet die Übung den unteren Rücken und beugt einem fixierten Hohlkreuz vor (siehe Seite 22 und 29).

Start

Das Kind legt sich in Rückenlage auf den Boden und winkelt die Beine an. Wieder kommen ein Stock, Stab oder Besenstiel

zum Einsatz, um die Bewegung zu führen. Der Stab wird über dem Bauch ungefähr auf Hüfthöhe gehalten, wie es Seiltänzer tun mit ihrer Balancierstange. Das Kind schaltet nun den einzigartigen Rückwärts-gang ein, denn hier wird ausschließlich rückwärts geradelt.

Aktion

Die Hände mit dem Stab an den Hüften beginnen, die Pedale rückwärts zu drehen: Angefangen rechts, der Stab wird samt der Beckenhälfte nach hinten-unten geführt. Die Bewegung geht nahtlos nach vorne-oben. Die linke Hand übernimmt in die-sem Moment die Führung und führt das

▲ Das linke Pedal übernimmt und geht seinerseits nach hinten-unten in die Rückenstreckung. Auf der rechten Seite kommt das Pedal samt Beckenhälfte nach vorne hoch. Dies entspricht der natürlich-gesunden Beckenbewegung beim Gehen und Laufen!

linke Pedal rückwärts nach hinten-unten. Langsam losradeln und wenn's klappt, ein bisschen beschleunigen, bis eine runde, dreidimensionale Achterbewegung im Becken entsteht.

Achtung

Längsspannung ist wichtig! Bei dieser Übung ist Aufrichtung entscheidend: kein gestauchter Nacken und ja kein Hohlkreuz. Also vor dem Start in der Ausgangsposition die Übung „Schneckenpost" (Seite 52) anwenden und das Becken gut aufrichten, damit es sich sinnvoll bewegen kann.

Variation

Ein wenig aufgeblasener kleiner Gymnastikball mit ca. 20 cm Durchmesser kann unter das Kreuzbein gelegt werden. Auch ein kleines Kissen tut gute Dienste: Die leichte, weiche Erhöhung vereinfacht das Rückwärtsradeln und erlaubt etwas größere, besser führ- und wahrnehmbare Rotationsbewegungen.

▲ **Wacklig: Die weiche Unterlage ist eine Herausforderung. Stützarm und Stützbein sind auf kräftige Rumpfmuskulatur angewiesen, um die Balance zu halten. Der Ball kann unterstützend helfen.**

Bett-Ballett: Gar nicht zum Einschlafen

Ziel

Kräftigung und Stabilisierung der Rumpf-muskulatur mit gleichzeitiger neurologi-scher Schulung des Gleichgewichtssinns – und alles unter erschwerten Bedingungen: Die instabile Bettmatratze verlangt dem Gehirn andauernde Neuberechnungen ab, wie dieses wackelige System mit möglichst wenig Aufwand stabil zu halten ist!

Start

Ab ins Bett und im Vierfüßlerstand posi-tionieren. Vorerst kann zum Eingewöh-nen etwas auf dem Bett umhergestreunt werden, um sich an die weiche, instabile Unterlage und ihre Reaktion auf Druck von

Händen und Füßen zu gewöhnen. Danach wie bei der Übung „Ausbügeln" (Seite 55) positionieren, natürlich mit Längsspan-nung.

Aktion

Vorerst den linken Arm ausstrecken und wahrnehmen, wie sich der Dreibeinstand anfühlt. Kann die Längsspannung gehal-ten werden, das rechte Bein gerade nach hinten strecken. Position halten, solange das gut geht. Dann in den Vierfüßlerstand zurück und dasselbe mit rechtem Arm und linkem Bein versuchen.

▲ Artistisch: Zu Balance und Kraft kommt noch das Kunststück, gleichzeitig den Ball zu prellen. Eine muskuläre und neurologische Meisterleistung.

Achtung

Während der ganzen Turnerei soll die Längsspannung aufrechterhalten bleiben. Sie ist sichtbar da, wenn der angehobene Arm und das angehobene Bein mit dem Rücken eine Gerade bilden. Der Kopf ist ebenfalls in die Gerade integriert, mit langem Nacken und Nasenspitze senkrecht zur Matratze gerichtet.

Variation

Für ältere und artistisch veranlagte Kinder wird die Übung erschwert: Während der „Stützarm" dicht an der Bettkante positioniert ist, wird mit dem angehobenen Arm ein Ball auf dem Fußboden geprellt. Für Linkshänder zuerst mit der linken Hand bei rechtem gestrecktem Bein, danach kniffligerweise mit der rechten Hand und dem linken ausgestreckten Bein. Für Rechtshänder vorerst rechts, dann links. Eine anspruchsvolle Übung! Im Schulunterricht kann die Matratze durch Balancierbretter oder die Hochsprungmatte ersetzt werden.

▲ **Loskrabbeln:** Lassen Sie mal die Hände die Wände hochgehen! Die Schultern folgen entspannt und das Becken bleibt stabil. Der gesamte Oberkörper dreht dank beweglicher Brustwirbelsäule.

Klettermax: Jetzt gehen wir die Wände hoch!

Ziel

Fördern der natürlichen Drehfreudigkeit der Brustwirbelsäule. Bewegungsfreiheit und -vielfalt im oberen Rücken entlasten die problemanfälligen Strukturen in Nacken und Kreuz wirkungsvoll.

Start

Das Kind geht in den Dreifüßlerstand parallel zu einer Wand (in ca. 25 cm Entfernung, je nach Größe des Kindes). Der „Stützarm" ist der Wand abgewandt, in der Abbildung der rechte Arm. Er ist nicht genau unter der Schulter positioniert wie beim Vierfüßlerstand, sondern aus Stabili-

täts- und Beweglichkeitsgründen etwas in Richtung Körpermitte.

Aktion

Das Kind baut Längsspannung über den ganzen Rücken auf und macht ihn vorerst möglichst flach. Die Schultern sind breit und stabil. Die freie Hand beginnt mit den Fingern gleich einer kleinen Spinne unter dem Brustkorb durch die Wand hochzukrabbeln, so weit es geht, ohne im Rücken die Längsspannung zu verlieren. Dabei dreht sich der Brustkorb zur Wand, der Rippenkorb öffnet und schließt sich in der Bewegungsabfolge wie eine Ziehharmo-

▲ Und danach geht's so richtig unten durch in die Gegenrichtung: Die Beweglichkeit des Brustkorbs ist beeindruckend und fühlt sich einfach hoch dynamisch an!

nika. Nun will die Spinne in die Gegenrichtung: Sie krabbelt die Wand runter bis auf den Boden und dann unter dem Kind durch, so weit sie kommt. Die Rippen, die vorher maximal geöffnet waren, schließen sich fächerartig und gegengleich.

Achtung

Das Becken bleibt stabil, die Schultern breit und möglichst entspannt. Sobald das Kind aus Ehrgeiz die Schultern nach hinten und zusammenzieht oder den Nacken knickt, um weiter nach oben zu kommen, lassen Sie den ehrgeizigen Teil einfach weg. Es soll kein Wettkampf entstehen – Qualität ist gefragt, nicht Quantität.

Variation

Sie mögen keine Spinnen, auch nicht kleine? Ein Spielzeugauto, ein kleines Plüschtier oder was immer Spaß macht, kann helfen, die Bewegung zu führen. Sie kann auch ohne Wand, als eher meditativer Bewegungsfluss zu Musik sehr genießerisch-introvertiert oder dehnend-extrovertiert geübt werden.

▲ Das Drücken gegen die Wand vermittelt ein Gefühl von Stabilität und leichter Verschraubung, wie sie auf Schritt und Tritt im Körper stattfindet – beim Gehen minimal, beim Treppensteigen stärker und beim Sprint maximal.

Wandschraube: Gut verschraubt ist halb gewonnen

Ziel

Stabilisierung der Rumpfverschraubung, bewusste Anwendung der alternierenden Links-rechts-Rotation in verschiedenen Bewegungen als Grundlage für kraftvoll-dynamische Anwendung im Alltag. Beidseitig harmonische Kraft sorgt präventiv für weniger einseitige Abnützung, mehr natürliche Bewegungskontrolle und Sicherheit bei Sport, Spiel und reflexartigen Bewegungen, auch im Straßenverkehr.

Start

Das Kind stellt sich in einen Türrahmen oder vor eine Wand. Längsspannung aufbauen und selbstbewusst die volle Größe wahrnehmen. Die linke Hand an die Wand legen, ungefähr auf Höhe der Schultern, das rechte Bein in Schrittstellung etwas anheben.

Aktion

Nun Druck gegen die Wand aufbauen – als wollte das Kind die Wand wegdrücken. Der Körper bleibt in seiner Position, Schultern und Becken parallel zur Wand. Mit steigendem Druck muss die Rumpfmuskulatur immer kräftigere Haltearbeit leisten, damit der Körper in Position bleibt und nicht seitlich und nach hinten ausweicht. Beginnt der Arm zu zittern, noch etwas ausharren und danach den Druck langsam

▲ Anstatt gegen die Wand macht diese Übung auch als Partnerübung Spaß. Das fördert zusätzlich die Stabilität.

▲ Ausbalanciert: Mit stabiler Rumpfverschraubung kann der Körper prima in Balance gehalten werden.

abbauen – immer noch in kraftvoll aufgerichteter Position.

Achtung

Druck langsam auf- und abbauen. Die Position soll möglichst präzise gehalten werden. So wird die Muskulatur, die für die Rumpfstabilität zuständig ist, aktiviert und gekräftigt. Die Übung soll mit viel Präzision gemacht werden, um gezielt eine leichte Verschraubung aufzubauen.

Variation

Diese recht statische Übung kann zu einer lustigen Partnerübung entwickelt werden: Zwei Kinder stehen sich gegenüber. Das linke Bein anheben, die rechten Hände auf Kopfhöhe fassen. Die Balance finden – und nun darf gedrückt werden, ohne mit den Händen nach oben oder zur Seite auszuweichen. Bei dieser Variation ist es bald Feierabend mit präzise gehaltener Position: Gekräftigt wird trotzdem. Ein lustiges Raufspiel mit sozialer Komponente.

▲ Startposition: Die hintere Faust mit Daumen nach oben, die vordere mit Daumen nach unten.

Karate-Kid: Alles unter Kontrolle

Ziel

Nun geht's in die freie Dynamik: Der Schattenboxer kontrolliert und stabilisiert das Becken, mobilisiert den Brustkorb und fördert die Wahrnehmung der Rumpfverschraubung sowie das Bewusstsein für präzise Bewegungsabfolge: wie die fernöstlichen Meister!

Start

Stabile Ausfallschrittposition mit dem linken Bein nach vorn, wie abgebildet: Das ist die „Heldenposition" aus dem Yoga. Das Gewicht ist auf beide Beine verteilt, beide Knie leicht gebeugt. Den rechten Arm anwinkeln, die Hand mit der Handfläche nach oben zur lockeren Faust ballen. Den linken Arm nach vorne ausstrecken, die Hand mit der Handfläche nach unten zur lockeren Faust geballt.

Aktion

Tapfere Kämpfer und Amazonen bauen Kraft im Körper auf. Mit Längsspannung, aufgerichtet zwischen Becken und Kopf, die Füße parallel gerichtet, mit hohem Scheitel und allem Drum und Dran. Nun wechseln die Arme die Position: Der linke Arm wird langsam auf bleibender Höhe zurückgezogen, die Faust dreht sich um 180 Grad. Gleichzeitig stößt die rechte in Zeitlupentempo nach vorn und dreht

▲ Das T-Shirt bestätigt mit der Diagonalfalte die Verschraubung des Oberkörpers. Verbesserungswürdig im Bild der zu sehr abgesenkte Arm. Das ist bei Neukämpfern aber in Ordnung!

sich gegengleich. Ist die seitenverkehrte Ausgangsposition erreicht, dreht die linke Faust wieder nach vorn, die rechte nach hinten.

Achtung

Hüfte, Beine und Füße bleiben stabil in der Heldenposition verankert. Bevor das Tempo gesteigert wird, soll die Bewegung sitzen, die Drehbewegung von Faust und Armen locker wirken, der Oberkörper natürlich mitschwingen. Die Schultern bleiben zentriert, das heißt, sie werden bei der Vorwärtsbewegung nicht nach vorn gezogen, bei der Rückwärtsbewegung nicht nach hinten gezerrt.

Variation

Nun kann das Tempo gesteigert werden. Wichtig ist, dass das Becken stabil bleibt und der Thorax sich mitdreht: Auf der Seite des angewinkelten Arms nach hinten, auf der Seite des gestreckten Arms nach vorn. Die Bewegung kann entwickelt werden bis zum dynamischen Schnellkraftschlag.

▲ Katzenfahrstuhl: Hoch das Kätzchen, bis zum Ohr hinauf!

Aufzug: Erhebende Momente des Absinkens

Ziel

Schultern aktiv entspannen können. Bewusstsein schaffen für die Schulterposition und den Spannungs- und Entspannungszustand des Schultergürtels. Eine Übung ganz besonders auch für Erwachsene – mit oder ohne Plüschtier!

Start

Ein Plüschtier oder ein anderer geeigneter Gegenstand wird auf eine oder noch besser beide Schultern gelegt. Am besten damit erst einmal etwas umherspazieren. Danach sitzende oder stehende Position einnehmen und hinfühlen: Wo sind meine Schultern?

Aktion

Langsam den Schulteraufzug anheben, bis das Plüschtier auf Ohrenhöhe kommt. Danach sinkt der Aufzug ganz sachte und ohne zu ruckeln nach unten. Ist das Erdgeschoss erreicht, die Schultern gleich noch tiefer und zusätzlich A-förmig in die Breite sinken lassen. Schultern möglichst tief und breit halten, entspannen und durchatmen. Danach setzt sich der Aufzug wieder nach oben in Bewegung – und wieder A-förmig abwärts.

▲ Die Schultern entspannt nach hinten-unten fließen und A-förmig in die Breite sinken lassen – welch eine Eleganz!

Achtung

Hektische Zeiten und dauerndes Sitzen fördern nach vorne-oben gezogene Schultern. Die neutrale Position ist meist tiefer, breiter und mehr nach hinten orientiert, als man gewohnheitshalber denkt. Idealerweise hängen die Schultern locker und breit, wie ein gebügeltes Hemd am Kleiderbügel. Keinesfalls die Schultern nach hinten zusammenziehen. Diese Überkorrektur lässt die Schulterblätter „flügeln" und dazwischen eine „Pofalte" entstehen.

Variation

Die Übung kann auch ohne Plüschtier und daher überall gemacht werden. Wenn's ruckelt beim Entspannen, deutet das auf verspannte Muskulatur hin. Dann üben, bis es wieder läuft wie geschmiert, beispielsweise zu Beginn der Mahlzeit, tadellose Haltung und Tischmanieren inbegriffen, oder während des Autofahrens, in der Schule oder vor dem Fernseher: Überall dort, wo es keine Zeit kostet, schätzen gestresste Schultern den Wellness-Moment.

▲ Raketenstart: Wippen mit Längsspannung – von Scheitel bis Steiß voller konzentrierter Energie.

Countdown: Der große Aufstand

Ziel

Koordination von Beckenbodenimpuls, Längsspannung im Rücken und Leistenöffnung. Aufrechterhaltung der Längsspannung in der Dynamik und unter Belastung. Perfekt zur Dynamisierung eines schlaffen oder verspannten Beckenbodens. Die „Kraft der Mitte" erleben.

Start

Auf dem Gymnastikball Platz nehmen, die Füße parallel nebeneinander stellen, ungefähr eine Handlänge auseinander. Füße bewusst und gut verankern. Sie bleiben während der ganzen Übung möglichst am selben Platz. Nun darf gewippt werden:

Während des Wippens stabilisierende Spannung in der Wirbelsäule aufbauen, der Nacken bleibt lang, das Becken aufgerichtet. Die Bewegung kann mit rhythmischem Sprechen oder Singen begleitet werden. „Hoppa-hoppa-hopp."

Aktion

Im rhythmischen Dreierschwung Anlauf holen, mit Längsspannung stabilisieren und auf „drei" oder „hepp" mit impulsivem Schwung in den stabilen Stand aufstehen. Die Füße bleiben fest verankert an ihrem Platz. Damit kein Ausfallschritt nach vorne oder seitwärts nötig wird, spannt sich der Beckenboden mit einem Impuls an.

▲ Mit kontrolliertem Schwung in den sicheren Stand. Anna-Lena kontrolliert ihre Beckenhaltung: perfekt und ohne Hohlkreuz!

Achtung

Bereits beim Wippen gut auf Längsspannung im Oberkörper achten und dabei die Aktivität nach vorne-oben richten. Beim Zurückwippen soll der Nacken lang und offen bleiben, keinesfalls mit einer Kinn-nach-vorne-Bewegung knicken. Abheben bedeutet maximal aufrichten. Beim Aufstehen soll von Scheitel bis Sohle eine stabil-flexible Kraftlinie den Körper dynamisch in die Streckung bringen. Die Beinachsen sind gerade, die Füße stehen parallel zueinander.

Variation

Wippübungen machen in der Regel übermütig. Wenn ausreichend Platz und ein sicheres Umfeld ohne scharfe Ecken und Kanten es erlauben, kann die Übung durchaus explosiver entwickelt werden. Die gute Stube wird zum Raumfahrtbahnhof, der Ball zur Raketenabschussrampe: Mit rhythmischem Wippen rückwärts zählen 5-4-3-2-1 – lift off! Wer landet wo? (Wir übernehmen ausdrücklich keine Verantwortung für Flurschäden und verirrte Raketchen!)

▲ Startposition: Die Flügel der Windmühle sind weit, aber locker ausgestreckt und fangen den Wind auf. Bei der Drehung des Arms nach oben bleibt die Schulter unten, wie bei einer Marionette.

Windmühle: Don Quichote kriegt den Dreh raus

Ziel

Die volle Drehfreudigkeit von Brustwirbelsäule und Brustkorb erleben und fördern. Koordination von Armen, Schultern und Brustkorb als harmonische Bewegungseinheit in einem komplexen Bewegungsablauf bei gleichzeitiger Stabilisation des Beckens und der Lendenwirbelsäule.

Start

Sitzend, auf dem Gymnastikball oder einem Hocker ohne Lehne (die könnte stören). Etwas nach vorne rücken und die Füße parallel nebeneinander stellen, ungefähr eine bis zwei Handlängen auseinander. Die Füße gut erden und stabil und be-

quem sitzen, damit das Becken möglichst ruhig gehalten werden kann. Die Arme wie die Flügel einer Windmühle diagonal nach vorne und hinten ausstrecken. Nun kommt Wind auf.

Aktion

Die Flügel der Windmühle beginnen zu rotieren: Die Größe der Bewegung entspricht der Bewegungsarbeit des Brustkorbs. Die Flügel der Windmühle bleiben möglichst diagonal. Eine gewisse natürliche Abweichung schränkt die Bewegungsqualität nicht ein. Während des Drehens folgt der Kopf dem nach hinten aufsteigenden Arm. Sinkt er nach vorne in die Mitte zurück,

▲ Leila dreht mit der Brustwirbelsäule locker mit, während das Becken sitzend stabilisiert ist.

über den gestreckten Arm nach vorne schauen. Dann mit Kopf und Blick dem Arm der anderen Seite nachfolgen.

Achtung

Nicht blind drauflos kurbeln! Große, kontrolliert geführte Bewegungen sind gefragt. Steigt der Arm auf, bleibt die Schulter hinten-unten zentriert! Sie folgt nicht nach vorne-oben nach, sondern wird wie bei der Übung „Aufzug" auf Seite 74 locker gesenkt und breit zentriert. Der Brustkorb schwingt rhythmisch mit den Drehbewegungen mit. Die Zwischenrippenmuskulatur arbeitet begeistert mit. Eine therapeutische Übung für starre Brustkästen und eine Wohltat für junge und jung gebliebene Brustkörbe jeden Alters.

Variation

Die Windmühle dreht vorzüglich rückwärts – aber ein Windwechsel kann auch mal interessant sein. Dann drehen die Windmühlenflügel nach vorne. Größere Kinder können den Bewegungsablauf verfeinern und präzisieren, indem auf den Handflächen Bälle oder andere leichte Gegenstände, z. B. Plüschtiere, wie auf einem Riesenrad mitfahren dürfen.

▲ Losmarschieren im Zeitlupentempo. Der Schritt soll langsam und groß sein, ebenso die Bewegungen des Arms.

Astronaut: Moonwalker trifft Mister Spock

Ziel

Ganzkörperkoordination beim Gehen – das volle spiraldynamische Programm: Wahrnehmen und umsetzen können, kontrolliert optimieren und in den Alltag integrieren können. Etwas, das man überall und immer einsetzen und üben kann.

Start

Stehen – damit das Raumfahrergefühl aufkommen kann, wird langsam der imaginäre Glaskugelhelm aufgesetzt. Das Daumen-hoch-Zeichen kündigt den luftleeren Raum an. Ab jetzt geht's in Zeitlupe! Längsspannung des stolzen Astronauten erstellen.

Aktion

Linkes Bein und rechten Arm laaangsam nach vorne anheben. Die linke Schulter gleitet nach hinten, der Körper steigt hoch auf das Standbein rechts auf. Der Blick ist nach vorn gerichtet, der Nacken und das Kreuz bleiben lang. Linkes Knie und rechten Arm noch etwas anheben – und nun kommt Mister Spock mit seinem Vulkanier-Ohr: Während sich die linke Thoraxseite weiter nach hinten schraubt, folgt der Kopf leicht nach, der Blick bleibt nach vorne gerichtet. Das linke Ohr steigt Spock-mäßig etwas hoch. Das gibt richtig spitze Ohren! Das ist der Höhepunkt des Mondschrittes links. Nun senkt sich das linke Bein ab, der Fuß setzt auf, um den

▲ Beim nächsten Schritt verschraubt sich der Körper gegengleich, das Spock-Ohr vermittelt das Gefühl der Verschraubung vom aufstrebenden Scheitel bis zur gut verankerten Sohle.

Schritt zu vollenden, die Verschraubung löst sich langsam auf und geht in den rechten Schritt über – naht- und lautlos und wirklich gaaaanz langsam.

Achtung

Die Längsspannung bleibt unvermindert erhalten, der Brustkorb dreht mal links mal rechts mit. Die Armbewegung darf etwas übertrieben werden, damit die Verschraubung von Ober- und Unterkörper bewusst wird.

Variation

Wasserratten verlegen die Übung ins Wasser. Sie funktioniert, sobald das Wasser mindestens auf Brusthöhe ist. Sichere Schwimmer gehen noch weiter: Sie marschieren im tiefen Wasser, Kopf an der Luft. Aber aufgepasst: Das braucht dann Tempo und grenzt schon an Leistungssport!

▲ Malen geht auch! Anna-Lena ist noch zu klein zum Lesen, aber zeichnen, malen und Bilderbücher anschauen lassen sich auch in der Leseratten-Position vorzüglich! Zum Sitzen wird sie noch genügend kommen.

Leseratte: Den Sitzling austricksen

Ziel

Vom Sitzling zum Multitasker: Das Kind kennt zahlreiche bequeme und bewegungsfördernde Positionen und nützt sie weidlich aus. Langes Stillsitzen belastet den Rücken und schränkt die Bewegung ein. Idealerweise kann das Kind beides: eine Weile konzentriert stillsitzen und, wenn es die Situation erlaubt, aktiv sitzen mit lebhaftem Positionswechsel.

Start

Zahlreiche! Werden Sie mit Ihrem Kind zusammen erfinderisch. Nicht alle Kinder mögen dieselbe Position gern. Am Beispiel der Leseratte: Bauchlage.

Aktion

Finden und schaffen Sie in der Wohnung oder im Kinderzimmer ein Plätzchen zum Lesen, und wecken Sie den inneren Wohnberater: eine hübsche Steppdecke, ein Lammfell, ein kleiner (fliegender?) Teppich. Dazu ein Kissen und ein kleiner, wenig aufgeblasener Gymnastikball oder ein Hirsekissen und das Lieblingskuscheltier. Vielleicht stellen Sie sich ein Duftsäcklein zusammen für die besondere Atmosphäre. Der Kunst sind keine Grenzen gesetzt, solange der Leseplatz einladend und kuschelig bleibt. In jedem Fall aber brauchen Sie eine gute, nicht zu grelle Beleuchtung.

▲ Hauptsache bewegt: Der Körper liebt Variationen und instabile Unterlagen wie dieses Balancier-Rondell. Werden Sie erfinderisch.

Achtung

In Bauchlage sind Beine und Hüften gestreckt, die auf die Arme gestützte Haltung mit der Rückenbeugung nach hinten (Hyperextension) bringt der Wirbelsäule willkommene Abwechslung zum doppelten 90-Grad-Knick von Knien und Hüften beim Sitzen samt buckligem, gestresstem Rundrücken. Beim vertieften Lesen geht oft Längsspannung verloren – meist an Seeräuber, Gespenster oder an andere düstere Gesellen. Das ist nicht hundert Prozent optimal, aber es ist schließlich nicht erwiesen, dass Winnetou mit Längsspannung am Marterpfahl ausharrte.

Variation

Abwechselnd kann ein Bein angewinkelt, ein Pezziball oder ein Kissen unterlegt werden. Auch Lesen in Seiten- und Rückenlage verschafft Abwechslung. Wichtig ist grundsätzlich weniger die Position als vielmehr die Variation der Bewegungsmöglichkeiten.

▲ Das „Schreiben mit der Nase" geschieht gerne in höchster Konzentration. Das macht die Sache aber nicht besser, weil der Nacken gestaucht wird und der Rücken buckelt.

Giraffenhals: Immer schön von oben herab

Ziel

Eine Sekundenübung für die gesamte westliche Zivilisation: Wahrnehmung des Kopfes als „Nordpol" des Körpers für eine Aufrichtung mit Köpfchen! Im Zentrum stehen Entlastung des gestressten Rückens durch Verlängerung der oberen Wirbelsäule und Schulterzentrierung. Das wirkt gegen den verspannten Schultergürtel und lässt die Energien zwischen Kopf und Körper fließen.

Start

Vorerst normal oder auch etwas zusammengesunken sitzen; Schreib- oder Lesehaltung einnehmen. Nun kurz die Augen schließen und an eine Giraffe im Zoo denken. Noch knabbert sie vorgebeugt am Laubwerk einer Staude.

Aktion

Nun richtet sich die Giraffe langsam auf – und auf – und noch weiter auf, um den leicht verklärten Giraffenblick hinunter auf die Zuschauer hinter dem Zaun zu richten. Mit dieser Vorstellung in die Verlängerung gehen – die ganze Wirbelsäule ist ein einziger, sich schier endlos aufrichtender Giraffenhals, den Blick sanft und majestätisch wandern lassen, in die Ferne, in die Nähe und mit gehaltener Größe wieder in die Lektüre.

▲ Immer wieder aufrichten und durchatmen regt die Zirkulation an und gibt Körper und Geist Platz zum Denken und Handeln.

Tief durchatmen, das neu entfaltete Lungenvolumen genießen und mit dem Ausatmen die Schultern nach hinten-unten und außen senken.

Achtung

Zugegeben: Auch Giraffen haben wie wir Menschen nur sieben Halswirbel. Aber jeder einzelne ist fast einen halben Meter lang! Für Tier wie Mensch gilt: Aufrichten bis zur vollen Länge, dabei das Hinterhaupt nach oben strecken, damit der Nacken lang wird und das Kinn tendenziell etwas absinkt. Das gibt den gewünschten Platz für die Bandscheiben zwischen den Nackenwirbeln. Nicht übertreiben:

Muskelverspannung vermeiden und das Kinn nicht zur Brust drücken. Übrigens: Die Giraffe braucht ihre Halsmuskeln, um den langen Hals zu beugen. Die Wiederaufrichtung erfolgt automatisch und von alleine – durch ein breites elastisches Band im Nacken.

Variation

Im Alltag, beim Lernen, Lesen, am Tisch beim Essen, später bei der Arbeit und beim Autofahren: Immer wieder in die Aufrichtung mit Längsspannung gehen, Kopf nach oben, Schultern nach hinten-unten-außen entspannen. Das schafft Platz für den Atem und fördert die Konzentrationsfähigkeit.

▲ Sitzbeine: Gut aufgerichtet lassen sich die Sitzbeine leicht ertasten: Die Hände mit den Handflächen nach oben unter das Gesäß schieben.

Höckerhocker: Mach dem Becken Beine!

Ziel

Wahrnehmung und Aufrichtung des Beckens als „Südpol", als unterer Abschluss der Koordinationseinheit Rücken. Bewusste Beckenaufrichtung im Alltag ist Grundlage für aktive, selbstkompetente Förderung der Rückengesundheit.

Start

Die Übung beginnt sitzend auf weicher Unterlage. Mit dem Scheitel zur Decke emporwachsen und die ganze Länge der Wirbelsäule fühlen. Vom Kopf-Nordpol bis zum Becken-Südpol. Nun die Hände mit den Handflächen nach oben seitlich links und rechts unter das Gesäß schieben und die Sitzbeinhöcker, den untersten knöchernen Abschluss des Beckens, ertasten. Vorsicht: Die machen ihrem Namen alle Ehre und sind beinhart!

Aktion

Mit dem Oberkörper leicht nach links und rechts, nach vorn und nach hinten wiegen, um die abgerundeten Sitzbeinhöcker mit den Fingern besser wahrnehmen zu können. Danach auf harter Unterlage – auf dem Stuhl oder auf dem Fußboden – gerade und präzise auf den Sitzbeinen sitzen. Diesmal ohne die Finger unterzulegen, denn die starken Knochen können die Hände ganz schön quetschen!

▲ Wandern auf den Sitzbeinen richtet das Becken auf und hält es dreidimensional mobil.

Nun geht's auf den Sitzbeinen rückwärts: Das Gewicht auf das eine Sitzbein verlagern und mit dem anderen kreisend wie ein Rad nach hinten „gehen", dann ist die andere Seite dran. Schritt für Schritt geht es bis an den Stuhlrand. Wer am Boden sitzt, kann durch den ganzen Raum „sitzgehen".

Achtung

Die Sitzbeine heißen Sitzbeine, weil man darauf sitzen soll. So ist das Becken aufgerichtet. Kippt das Becken nach vorne, entsteht ein Hohlkreuz, kippt es nach hinten weg, buckelt der Rundrücken. Die präzise Beckenaufrichtung bedarf sensibler Körperwahrnehmung. Klappt dies nicht auf Anhieb, immer zuerst mit der Übung „Schneckenpost" auf Seite 52 die Sensibilität wecken.

Variation

Es können richtige Sitzbeinrennen veranstaltet werden. Dabei beachten, dass in der Hitze des Rennens die Wirbelsäule aufgerichtet ist und die Beinachsen gerade bleiben. Die Knie sollen nicht X-beinig nach innen gedreht werden. Vielsitzer können immer mal wieder aufgerichtet auf den Sitzbeinhöckern auf der Stuhlfläche umherwandern. Das gibt willkommene Bewegung.

▲ Startposition: Mit langem Hals aufgerichtet, den Blick nach vorne gewandt, ebenso den Scheinwerfer auf dem Brustbein.

Scheinwerfer: Das neugierige Brustbein

Ziel

Wendebewegungen bewusst mit der Brustwirbelsäule beginnen. Das Brustbein führt die Bewegung an, der Kopf folgt. Die gute Angewohnheit sieht edel aus und verschafft den Bandscheiben Drehfreudigkeit!

Start

Sitzend, mit dem Rücken oder seitlich zur Tür. Stellen Sie sich vor, es sei stockdunkel und Sie hätten auf dem Brustbein – ungefähr eine gute Handbreite unterhalb des Halses – einen Scheinwerfer installiert, wie bei einem Fahrrad oder Motorrad. Der Blick ist geradeaus gerichtet. Der Scheinwerfer wird imaginär eingeschaltet, das

Licht zündet in Blickrichtung nach vorn. Es klopft an die Tür.

Aktion

Nun wollen Sie sehen, wer den Raum betritt: Im Dunkeln geht das nicht ohne den Scheinwerfer. Deshalb dreht der zuerst zur Tür, zum Beispiel nach links: Wenden Sie den Brustkorb zur linken Seite, der Kopf folgt der Bewegung leicht verzögert nach. Dabei spitzt sich das linke Ohr leicht an, so wie bei Dr. Spock auf Seite 80. Drehen Sie in der Brustwirbelsäule so weit es geht, der Strahl des Scheinwerfers wandert der Wand entlang zu der eintretenden Person, es folgen die Nackenwirbel, der Kopf

▲ Drehung nach rechts, beginnend mit dem Brustbein-Scheinwerfer, das Spock-mäßig
gespitzte rechte Ohr hilft dem Kopf in die perfekte Position.

schließt die Gesamtdrehung ab. Danach zurück – zuerst mit dem Scheinwerfer, der Kopf folgt nach, bis Blick und Lichtstrahl wieder nach vorne gerichtet sind. Danach geht's auf zur anderen Seite.

Achtung

Die Drehung findet nicht mit den Schultern, sondern als Erstes und vor allem in der Brustwirbelsäule statt. Die Bewegung soll langsam und kontrolliert geführt werden. Ein gelber Kleber oder ein angeheftetes „Auge" auf dem Brustbein kann sehr hilfreich sein, um die Bewegung möglichst präzise auszuführen. Das Becken bleibt aufgerichtet, kein Hohlkreuz, kein

Rundrücken. Kein Drehen auf Biegen und Brechen: Es geht, so weit es ohne Anstrengung geht. Ein leichtes Ziehen im Brustkorb ist okay, nicht aber Schmerzen.

Variation

Stellen Sie sich vor, das Brustbein verfolge in der Mitte der vordersten Reihe ein Tennismatch: Der Blick bleibt auf den Schiedsrichter auf Netzhöhe gerichtet. Das Brustbein verfolgt den Ball, wie er von der einen Seite zur anderen gespielt wird, hin und her. Die Arme werden dazu leicht angewinkelt. Langsam beginnen, rhythmisch wippend schneller werden, aber ohne Hektik.

▲ Hände hoch: Das Förderband kann so Vieles befördern. Gestreckte Arme, abgesenkte
Schultern und ein aufgespannter Rücken machen die Übung zum Elixier für Vielsitzer.

Förderband: Die ganze Beweglichkeit

Ziel
Rückbeuge und Drehung unter Längsspannung der Wirbelsäule.

Start
Die Kinder sitzen hintereinander. Längsspannung aufbauen. Der Abstand zwischen den Kindern kann vergrößert werden, das erfordert mehr Beweglichkeit.

Aktion
Ein Ball oder ein anderer Gegenstand wird vom vordersten Kind aus über den Kopf zum nächsten Kind weiter gereicht. Hinten angekommen geht's seitlich nach vorn,

wieder überkopf zurück und auf der anderen Seite nach vorn.

Achtung
Bei der Rückbeuge soll ein harmonischer C-Bogen von Gesäß bis Kopf sichtbar sein. Aufpassen, dass der Kopf nicht nach hinten abknickt, der Nacken bleibt lang. Kein Hohlkreuz!

Variation
Dasselbe mit großem Abstand und einem gefüllten Wassergefäß – es darf auch ein Suppenlöffel mit einem gekochten Ei oder einer Kartoffel drauf sein.

▲ Schlittenfahrt: Längsspannung, Kraft und Koordination sind für Schlittenführer und Schlittenhunde notwendig: Eine neurologische Herausforderung mit Spaßfaktor.

Schlittenfahrt: Spann den Huskie an!

Ziel
Kräftigung und Koordination der gesamten Rumpfmuskulatur mit Längsspannung.

Start
Ein Kind setzt sich im Fersen- oder Schneidersitz auf einen Teppichrest. Das ist der Schlitten. Das andere Kind spielt den Hund und hält die Mitte eines Gymnastikseils vorne über dem Bauch. Der Schlittenfahrer hält die Zügel an den Enden.

Aktion
Der Schlittenhund legt sich in die Riemen. Während der Fahrt muss das Kind die Rücken-Längsspannung aufrechterhalten. Die Rumpfmuskulatur muss stabilisieren und ausgleichen. Je nach Wildheit des Hundes kann es dabei recht turbulent hergehen.

Achtung
Interessant ist die Haltung des Schlittenfahrers. Je eleganter dieser aussieht, umso kräftiger wird seine Stützmuskulatur.

Variation
Ein Parcour entlang von Markierungen oder um Hindernisse herum macht die Schlittenfahrt knifflig.

▲ Schlangentanz: Der Schlangenbeschwörer führt die Bewegungen an, die Schlangen folgen. Erfahrungsgemäß werden sich die Schlangen räkelnd verselbständigen.

Schlangentanz: Lass es wirbeln!

Ziel

Bewegungsimprovisation, Ausschöpfen der ganzen Bewegungsfähigkeit des Rückens, insbesondere der Rotationsfähigkeit von Brustwirbelsäule und Brustkorb.

Start

Ein Kind ist der Schlangenbeschwörer, mit Turban und einer echten oder einer improvisierten Flöte. Die anderen Kinder kauern als schlafende Schlangen unter einem Chiffontuch.

Aktion

Zu den Klängen orientalischer Musik beginnt der Schlangenbeschwörer, seine Tiere zu wecken. Sie steigen sachte unter den Tüchern hoch und imitieren die Bewegungen, die der Schlangenbeschwörer mit seinem Körper vorgibt.

▲ Drehfreudig: DIe Rotationsfähigkeit der Brustwirbelsäule kann wunderbar geübt werden. Die knieende Position erfordert Stabiltät in der Lendenwirbelsäule.

Achtung

Idealerweise entdecken die Kinder von sich aus vielfältige Bewegungen mit Beugung, Streckung, Rückbeugung, Rotation und allen kombinierten Variationen. Eltern oder Lehrer haben dabei die Möglichkeit, zu beobachten, zu vergleichen und zu intervenieren.

Variation

Sind die Bewegungsabläufe zu wenig vielfältig, übernehmen Sie die Rolle des Schlangenbeschwörers und führen Ihre Schlangen in exotische Tanzstellungen wie Hyperextension mit Rotation etc. Die Übung eignet sich auch als Partnerübung führend-folgend.

▲ Elefantenraufen: Der Zirkuselefant geht präzise einer Führungslinie – hier dem Rasenrand – entlang. Mit breiten Schultern und Rücken-Längsspannung.

Elefantenraufen: Echt stark!

Ziel

Rumpfstabilisierung, Kräftigung, Bewegungskontrolle und Spaß: Auch Raufspiele können neben dem Austoben gezielte Bewegungsförderung enthalten, Quantität und Qualität.

Start

Zwei Elefantenherden werden bestimmt. Eine aus dem Zoo, die andere aus dem Zirkus. Jeder Elefant erhält einen Gegenspieler aus der anderen Gruppe. Die Zirkusherde geht gemächlich, aber exakt einer Linie entlang.

Aktion

Nun kommt die Zooherde und will den Zirkuselefanten ins Hand- und Fußwerk pfuschen: Jeder geht parallel neben seinen Gegenspieler und versucht, ihn von der Linie abzudrängen. Die Zirkuselefanten lassen sich das nicht bieten und bleiben mit viel Rücken-Längsspannung, breiten Schultern und Muskelkraft auf ihrer Route. Wer abgedrängt wird, tauscht die Rollen.

▲ Der Zooelefant versucht, den Zirkuselefanten abzudrängen. Wer kann sich besser stabilisieren?

Achtung

Ohne Längsspannung im Rücken geht gar nichts. Natürlich muss darauf geachtet werden, dass die Gegenspieler ungefähr gleich stark sind. Es darf ruhig gerauft und gerangelt werden, nur Grobheiten sind unelefäntisch.

Variation

Raufspiele und Kräftemessen gehören zum natürlichen kindlichen Spielrepertoire. Sie fordern in Kindergruppen aber ein gutes Maß an Disziplin und sozialer Kompetenz. Diese Kräftigungs- und Koordinationsübung kann ergänzt werden durch das „Bett-Ballett" von Seite 66, auf der Hochsprungmatte anstelle der Matratze.

▲ **Spielzeug: Wertlos und doch wertvoll – selbst gebastelte Hilfsmittel sind fast kosten-los und zum Gernhaben, da selber gemacht. Der Ballon ist erfahrungsgemäß sehr ver-gänglich – aber blitzschnell und variationenreich wieder hergestellt.**

Flugobjekte: Tierisch gut!

Ziel
Je nach Budget kann Spiel- und Gebrauchs-material günstig und multifunktional her-gestellt werden, zum Beispiel mit einem Luftballon.

Aktion
Der Ballon kann nach Belieben gestaltet werden. Zum Beispiel mit einem Schlan-gengesicht. Eine gespaltene Zunge kann angeklebt werden, ein Giftzahn markiert – oder darf es ein menschliches Gesicht sein? Was immer das Herz oder der Lehr-plan begehrt – schnell hergestellt ent-wickeln sich die Spielideen. Ideal für die Übung „Schlangenbeschwörer" auf Seite 92, „Förderband" auf Seite 90, perfekt als „Bandscheibe" (Seite 98), als Kopf über dem Skelett oder als Slow-Motion-Tennis-ball bei der Übung auf Seite 103: Die Lang-samkeit des Ballons lässt Zeit für bessere Koordination der Wurf- und Schlagbewe-gungen mit Verschraubung des Körpers, Ausholen mit dem Arm und Einüben des Peitscheneffekts.

Achtung
Das persönlich gestaltetes „Flugtier": Ein mit Getreide gefülltes Säckchen gut zu-sammenschnüren oder nähen, ein Gesicht gestalten und einen Drachenschwanz be-festigen – und los fliegen lassen.

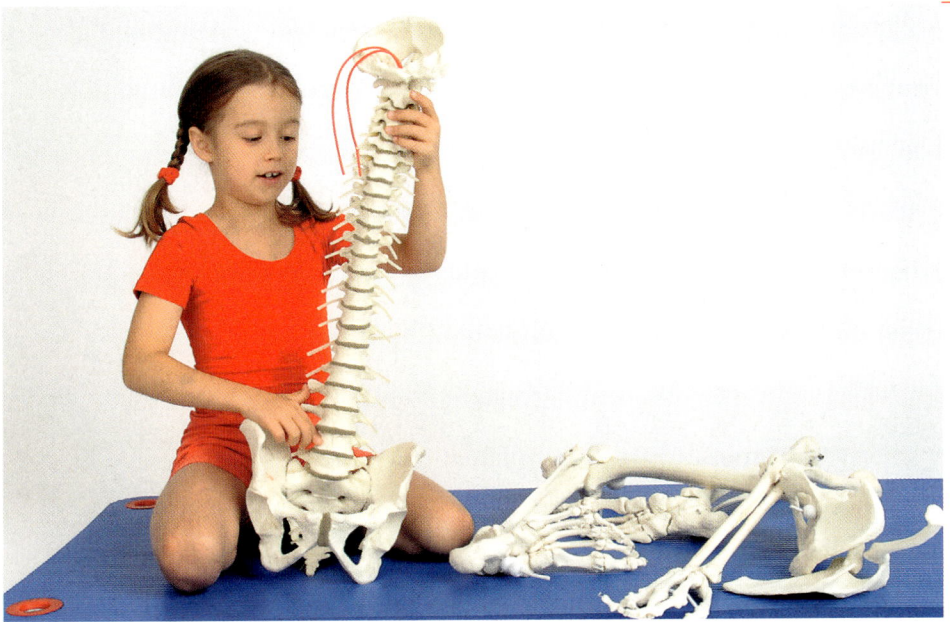

▲ Abenteuerlich: Anatomie zum Erfassen und Begreifen. Den eigenen Körper verstehen lernen ist Grundlage sinnvoller Gesundheitsförderung. Selbstkompetenz ist der Schlüssel zur Eigenverantwortung.

Knochenjäger: Faszinierend präventiv

Ziel

Faszination ist die beste Grundlage für Lernschritte. Anatomie zum Be-Greifen ist spannend und überaus persönlich: Da geht es im wahrsten Sinne des Wortes um die inneren Werte!

Aktion

Schon ganz kleine Kinder sind fasziniert von Skeletten. Früher hingen die klapperigen Dinger im Naturkundezimmer, darunter ein Schild: Nicht berühren! Nun grassiert das Dino-Fieber. Saurierknochen in Museen, in Büchern und Filmen wecken wohliges Gruseln. Genau dieses Potenzial können und sollen Sie nutzen. Für

Schulklassen: Einzelne Skelettteile sind praktischer als ein ganzer zusammenhängender „Helmut". Die Einzelteile sind im Baukastensystem zu haben und durchaus erschwinglich (z. B. bei Erler-Zimmer oder Galaxymed). Natürlich braucht nicht jede Klasse ein eigenes. Mit etwas Organisationstalent und Teamgeist in der Lehrerschaft wird Helmut durchs liebe Jahr im ganzen Schulhaus herumgeistern können!

Achtung

Kleine Skelettmodelle bis hin zum Pappskelett sind auch für Familien erschwinglich. Je nach kultureller Klassenstruktur ist es sinnvoll, die Eltern zu informieren.

▲ Die Sorgen, Nöte und Bedürfnisse der Wirbelsäule am eigenen Leib erleben: Die Kinder sind die Wirbel, die Ballone die Bandscheiben. Perfekte Positionierung und Gleichtakt verhelfen dem Tatzelwurm zu Stabilität und Beweglichkeit.

Wirbel-Kinder: Mit gesunder Distanz

Ziel
Selber mal ein Wirbel sein? So erarbeiten Sie mit den Kindern eine Gebrauchsanweisung der Wirbelsäule inklusive der Bandscheiben.

Aktion
Die Kinder stehen hintereinander in einer Reihe, nahe aneinander, aber ohne Berührung. Nun setzt sich der Tatzelwurm in Bewegung, das vorderste Kind bestimme die Richtung. Bald wird klar: Den einzelnen „Wirbeln" ist nicht wohl und der Tatzelwurm fällt bald auseinander. Nun das Ganze mit Bandscheiben: Leicht aufgeblasene Ballons, kleine Pezzibälle oder Kissen zwischen die Wirbel-Kinder schieben. So setzt sich die Wirbelsäule wieder in Bewegung. Die Aufgabe ist immer noch anspruchsvoll, aber lösbar durch Gesamtkoordination. Geht diese verloren, wird eine Bandscheibe gequetscht oder fällt heraus: Ein klassischer Bandscheibenvorfall durch Fehlbelastung!

Achtung
Die Hände dürfen als stützende Muskeln gebraucht werden. Das hintere Kind hält das vordere auf Taillenhöhe. Diese wirbelverbindenden stabilisierenden Strukturen entsprechen den zahlreichen kleinen Bändern und Muskeln zwischen den Wirbeln.

▲ Multisensorisch: Geisterstunde auf dem Pausenhof, im Wald oder in der Schulstunde. Ob Theaterwerkstatt oder kurze Sequenz zwischendurch – bringen Sie Bewegung ins Lernen und ins Leben.

Gespenster: Das betuchte Phantom

Ziel
Bewegend-kreativer Ausdruck, Experimentierfreudigkeit, Improvisation und kontrollierte Bewegung sind mit spielerischen Impulsen umsetzbar. Ganze Choreographien können entstehen, einzeln oder in Gruppen.

Aktion
Bemalte oder bedruckte Spannbetttücher, angesteckte Frisuren, Nasen – was die Phantasie erlaubt, laden zum kreativen Mummenschanz ein. Ausdruck entsteht durch gezielte Bewegungsführung, durch Längsspannung, Rotation, Zusammenkauern, Aufblühen – das ganze Bewegungs-repertoire des Körpers, insbesondere der Rotationsfähigkeit der Wirbelsäule. Der kreative Bewegungsausdruck kann zum Lernspiel werden: 12-er-Reihe, aktuelle Lieder oder „Der Feuerreiter" auswendig – or we will describe a whitching hour, ou peut-être une histoire des fantômes? Begeisterndes Lernen mit integrierter Bewegungsförderung ist das Beste, was Schülern passieren kann – und Lehrern auch.

Achtung
Multisensorisches Lernen ist angesagt! Kombinieren Sie immer wieder und immer öfter Kognition und Motorik. Das steigert den Lernerfolg.

Aufrecht im Alltag:
Spielend leicht

Der Alltag bietet unzählige Situationen, um sich von Kopf bis Fuß voll aufzurichten. Am Anfang braucht Ihr Kind vielleicht noch eine gelegentliche Erinnerung. Mit der Zeit geschieht die Aufrichtung automatisch, routiniert und ohne Übungs- und Mehraufwand.

Flötenspieler:
Aufrecht durchs Leben

Wann immer das Kind einer Alltagstätigkeit oder einen Hobby nachgeht, bei dem es steht, kann dies aufgerichtet und mit Längsspannung der Wirbelsäule geschehen.

Ziel

Das Kind kann Längsspannung erstellen bei stehenden Tätigkeiten wie

- Instrumentalspiel
- Zähneputzen
- Warten auf den Bus
- an der Kasse

Bei Blasinstrumenten ist der vollere Tonklang hörbar. Beim Zähneputzen werden die Halswirbel aktiv entlastet – wo immer Stehen angesagt ist, kann aktiv gestanden werden!

Aktion

Die Füße stehen parallel und mit einer Handlänge Abstand zueinander. Gut geerdet, ohne die Knie nach hinten durchzudrücken, das Becken aufrichten und den Nacken lang werden lassen. Die Schultern sind entspannt und nach unten in die Breite gesunken.

Achtung

Finden Sie als Eltern und Erziehende die richtige Mischung aus Forderung, Förderung und Toleranz. Zu häufige Ermahnung ist für Eltern und Kinder wenig stimmungsförderlich. Drittpersonen wie Lehrer und Trainer stoßen da erfahrungsgemäß auf offenere Ohren.

▲ Allegro! Beim Instrumentalspiel buckelt der Rundrücken oft, wenn ein Stück neu eingeübt wird und noch „schwer" ist.

▲ Aufrichtung bedeutet auch da mehr Ausstrahlung, Zentriertheit und im Fall der Blasmusiker hörbar vollere Tonqualität.

Treppensteiger:
Groß werden auf Schritt und Tritt

Ziel

Treppensteigen gilt als gesundheitsfördernd. Das stimmt allerdings nur, wenn die Gelenke richtig belastet werden. Das Kind stabilisiert das Becken auf der Standbeinseite nach hinten-unten, die Hüfte kippt nicht seitlich weg. Die Hüftbeugemuskulatur auf der Standbeinseite wird elastisch, kraftvoll und lang. An ausgewählten Treppen – auf dem Schulweg, zu Hause, in der Schule – geht das Kind bewusst und dynamisch die Treppe hoch oder hinunter. Mit der Zeit wird die intelligente Bewegung auch an anderen Treppen selbstverständlich angewandt. Die gesunde Bewegung wird automatisiert.

Aktion

Das Kind stellt sich bewusst auf das hohe Bein der Standbeinseite links, die Hüfte rutscht nicht seitlich weg, sondern ist in Verlängerung der Wirbelsäule in die Länge gezogen. Während das Standbein das ganze Körpergewicht balanciert, wird der Hüftbeugemuskel ganz lang, die Leiste öffnet sich. Das Spielbein rechts erklimmt die nächste Stufe und wird mit dynamischem Abstoß des linken Beines zum neuen Standbein – lang und superstabil.

Achtung

Beim Treppabgehen werden die Muskeln in ihrer bremsenden Funktion aktiv: Längsspannung im ganzen Rücken kennzeichnet sportliches, gesundes Treppensteigen, dynamisch und bandscheibenschonend, rauf wie runter.

▲ Treppensteigen: Mit jeder Stufe knickt der Körper ein, die rechte Hüfte sackt ab, die linke Hüfte weicht zur Seite aus.

▲ Aufrecht und mit superstabilem Standbein lässt sich's auch in jungen Jahren dynamisch Treppen steigen.

Tennisspieler:
Mit Schwung und Köpfchen

Ziel

Die mit „Windmühle" auf Seite 81 und „Scheinwerfer" auf Seite 91 geübte Drehfreudigkeit von Brustwirbelsäule und Brustkorb ins alltägliche Spiel einbauen. Mehr Bewegungsfreiheit und Leistungsfähigkeit dank flexiblem Brustkorb.

Bei Federball, Tennis oder Wurfspielen aller Art verhilft der flexible Brustkorb zu mehr Schwung und Dynamik im Spiel. Zu dumm für den Gegner!

Aktion

Beim Werfen sowie beim Ausholen bleibt das Becken stabil aufgerichtet, der Oberkörper dreht auf der Seite des Wurfarms spiralig nach hinten. Arm und Hand verlängern die Rückwärtsbewegung. Mit der Drehung des Brustkorbs nach vorne wird der Peitscheneffekt ausgelöst: Zuerst der Brustkorb, dann die Schulter, es folgen Ober- und Unterarm und zum Schluss die Hand. Richtig ausgeführt bedeutet der Peitscheneffekt Kraft ohne Anstrengung – einfach unwiderstehlich!

Achtung

Kraft und Schwung kommen beim dynamischen Werfen nicht nur aus der Schulter oder dem Arm, sie beginnt mit dem Brustkorb und seiner Rotationsfähigkeit. Die Kraftübertragung wird beeindruckend!

▲ Schwungvoll: Der Brustkorb spannt nach hinten – wie ein Katapult! Schulter und Arm folgen zielsicher dem visuell erfassten Ziel. Perfekte Bewegungskoordination für kleine und große Sportskanonen.

Fahrradfahrer: Sicher und zirkusreif

Ziel

Souveräne und sichere Bewegungsführung als Sicherheitsgarant im Straßenverkehr. Motorische Geschicklichkeit und reflexschnelles Einschätzungsvermögen sind neben der Beherrschung des Fahrrads entscheidend. Radeln ist gesund. Im Straßenverkehr geht Sicherheit vor: Der Blick zurück mit flexiblem Brustkorb verschafft Übersicht und ermöglicht korrekte Einschätzung von Verkehrssituation und Geschwindigkeit anderer Fahrzeuge.

Aktion

Ein Rücken mit Längsspannung garantiert auf dem Fahrrad eine rasche Reaktion und wache Reflexe. Beim Einspuren, Abbiegen oder Überholen erfolgt der Sicherheitsblick zurück. Eine drehfreudige Brustwirbelsäule ermöglicht Umsicht und motorische Sicherheit, wenn beim Zeichengeben nur eine Hand am Lenker ist.

Achtung

Viele Kinder leiden heute unter einem schlecht ausgebildeten Gleichgewichtssinn. Den Blick zurück mit nur einer Hand am Lenker schaffen viele Kinder nicht. Aber Übung macht auch hier den Meister. Gehen Sie als Eltern mit gutem Beispiel voran! Gleichgewichts- und Balancespiele sind schon für Dreiradfahrer angesagt. Ob auf der Gartenmauer, auf einer Linie am Boden, hüpfend auf einem Bein oder wie ein Bär über einen Baumstamm kletternd: Der Alltag bietet viele Möglichkeiten, den Gleichgewichtssinn zu schulen.

▲ Längsspannung, wache Reflexe, volle Rotationsfähigkeit in der Brustwirbelsäule und ein gut ausgebildeter Gleichgewichtssinn vermitteln Übersicht und Sicherheit im Straßenverkehr.

Bibliografische Information der Deutschen Nationalbibliothek
Die Deutsche Nationalbibliothek verzeichnet diese Publikation in der Deutschen Nationalbibliografie; detaillierte bibliografische Daten sind im Internet über http://dnb.d-nb.de abrufbar.

Programmplanung: Sibylle Duelli
Redaktion: Frauke Bahle, Karlsruhe
Bildredaktion: Christoph Frick

Umschlaggestaltung und Innen-Layout:
Cyclus · Visuelle Kommunikation, 70186 Stuttgart

Umschlagfoto: Mauritius Images
Fotos im Innenteil: Claudia Larsen, Zürich/
Nick Kern, Zürich/Jens van Zoest, Wuppertal;
Mauritius Images (S. 3); Fabienne Lerault/
Fotolia.com (S. 14)

© 2010 TRIAS Verlag in MVS Medizinverlage
Stuttgart GmbH & Co. KG
Oswald-Hesse-Straße 50, 70469 Stuttgart

Printed in Germany

Satz: Cyclus · Media Produktion, 70186 Stuttgart
gesetzt in: InDesign CS4
Druck: AZ Druck und Datentechnik GmbH,
87437 Kempten (Allgäu)

Gedruckt auf chlorfrei gebleichtem Papier

ISBN 978-3-8304-3445-0

1 2 3 4 5 6

SERVICE

Liebe Leserin, lieber Leser,

hat Ihnen dieses Buch weitergeholfen? Für Anregungen, Kritik, aber auch für Lob sind wir offen. So können wir in Zukunft noch besser auf Ihre Wünsche eingehen. Schreiben Sie uns, denn Ihre Meinung zählt!

Ihr TRIAS Verlag
E-Mail Leserservice: heike.schmid@medizinverlage.de
Lektorat TRIAS Verlag, Postfach 30 05 04, 70445 Stuttgart, Fax: 0711 89 31-748